本书得到中原工学院专著出版基金资助

工科类地方本科高校
教师发展研究

孙敬霞 著

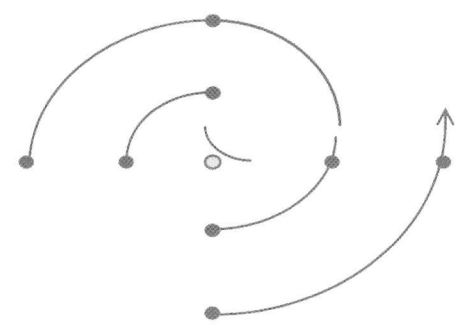

中国社会科学出版社

图书在版编目（CIP）数据

工科类地方本科高校教师发展研究／孙敬霞著．—北京：中国社会科学出版社，2017.7

ISBN 978-7-5203-1200-4

Ⅰ.①工⋯　Ⅱ.①孙⋯　Ⅲ.①工科（教育）—地方高校—师资培养—研究—中国　Ⅳ.①G645.12

中国版本图书馆CIP数据核字（2017）第256670号

出 版 人	赵剑英
责任编辑	陈雅慧
责任校对	朱妍洁
责任印制	戴　宽
出　　版	中国社会科学出版社
社　　址	北京鼓楼西大街甲158号
邮　　编	100720
网　　址	http://www.csspw.cn
发 行 部	010-84083685
门 市 部	010-84029450
经　　销	新华书店及其他书店
印　　刷	北京明恒达印务有限公司
装　　订	廊坊市广阳区广增装订厂
版　　次	2017年7月第1版
印　　次	2017年7月第1次印刷
开　　本	710×1000　1/16
印　　张	13
插　　页	2
字　　数	201千字
定　　价	58.00元

凡购买中国社会科学出版社图书，如有质量问题请与本社营销中心联系调换
电话：010-84083683
版权所有　侵权必究

序

　　大学为谁而生？回答是肯定的。为学生，没有学生，就没有大学。学生到大学来干什么？学生到大学是来学习的，目标是成人成才。对学生影响最大的是谁？教师，教师通过教学、教书育人等一系列活动，直接面对学生，与学生交往、交流，深深地影响着学生。既然是教师在影响学生，那么，为什么还要有行政人员，他们的任务是什么？最早的大学，是没有行政人员的，校长既是校长，又是教师，还兼管理行政。现代大学，学生和教师的人数大为增长，需要行政人员。但是我们千万不能把目的和手段颠倒了，行政人员是为教师、学生服务的。因此，教师是高校发展的动力和主体，教师发展问题是高校的基本问题。1998年，《世界高等教育宣言》就指出：高等教育机构发展的关键是建立具有活力的教师发展政策。而今，世界高等教育正在经历着深刻的变革，教学模式从"教"向"学"转变，以学生为中心的教育教学，对教师提出了新的要求。教师的发展受到各国政府、社会、学者和高校管理者的高度重视。我国在建设工业化、在中国特色新型工业化道路进程中，工科教育发挥着尤其重要的作用，工科类地方本科高校承担着为地方经济发展培养高级应用技术型人才的重任，关系地方经济的健康发展。但现行的教师培养与发展制度已不能适应此类高校教师发展的需求，研究工科类地方本科高校教师发展问题，具有很强的现实意义。

　　《工科类地方本科高校教师发展研究》一书，遵循提出问题—分析原因—建立模型—提出解决问题方案的思路，围绕如何促进我国工科类地方本科高校教师发展，进行了深入分析和研究，理论与实践紧密结合，体现了作者的实践积累和用心研究。首先，通过问卷调查，分析了我国工科类地方本科高校在教师发展方面存在的问题；其次，对高等教育发达国家——美国、日本及德国的高校教师发展实践进行研究和分析，以兹借鉴；最后，基于多视角分析，构建工科类地方本科高校教师胜任特征模型，并提出工科类地方本科高校教师发展策略建议。在研究中，作者提出了一些具有创新性的观点，如分别基于工科类地方高校职能、优秀教师以及"学生心目中的好教师"特征的多视角分析，建立以促进学生学习和发展、教师成长与发展为目标的工科类地方高校教师胜任特征模型，并提出了包括5个维度、22项特征要素的胜任特征指标。在此基础上，提出工科类地方本科高校教师在不同的职业发展阶段的发展目标和内容；提出了适应工科类地方本科高校教师发展的四种模式，即示范中心辐射模式（DRM）、教师发展促进联盟模式（FDAM）、校园中心模式（CCM）和院系项目模式（DPM）；建立由政府、社会组织及专业协会、学校及基层学术组织、教师发展工作者共同组成的工科类地方本科高校教师发展组织保障系统，促进工科类地方本科高校教师发展。

  本书选题是一项应用研究，应用研究就要扎根于实践。该书是在博士学位论文的基础上修改而成，作为孙敬霞博士的导师，使我感到欣慰的是，在研究中，她充分利用自身的工作优势，脚踏实地，开展扎实的调查研究，收集丰富的第一手资料，抓住问题、理论、资料、方法四个基本要素，为解决实际问题而研究，践行"不能用无知去研究未知"，"有多少资料做多少东西"，最终，"长出"令人信服的研究结论。

  孙敬霞博士具有多年的工作经验，对高校教师从培养到发展有深刻的认识和感悟，并且具有勤于反思、踏实认真、追求上进、坚持不懈、为人朴实的良好品质。在攻读博士学位期间，她克服了诸多困难，结合工作实际确定博士论文选题，运用科学的研究方法，用心研究，通过研究不仅提高了自身的理论研究水平，也切实提高了实际工作能力。该书的研究成果对于高校领导、管理人员改进工作，教师个体发展以及高等教育研究人员探究教师及高校分类与发展等，都是很有助益的。特此推荐。

刘献君
2017年3月

前　言

在建设创新型国家、走中国特色新型工业化道路进程中，工科教育发挥着尤其重要的作用。近年来，我国先后提出"卓越工程师教育培养计划"、高等学校分类管理、"应用技术型大学"建设战略。工科类地方本科高校在战略实施的末端，承担着为地方经济发展培养高级应用技术型人才的重任。教师是高校发展的动力和主体，建设一支胜任这一使命的工科类地方本科高校教师队伍势在必行。而我国现行的教师培养与发展制度已不能适应教师发展的需求，基于此，本书选择的工科类地方本科高校教师发展为研究对象，遵循提出问题—分析原因—建立模型—提出解决问题方案的思路，采用文献研究、实证研究、比较研究的方法，围绕如何促进我国工科类地方本科高校教师发展进行深入分析和研究。

通过文献研究发现，我国学者对高校教师发展的研究，多以高校教师整体为对象，从宏观层面进行分析，少数对高校教师某一群体的具体研究，也主要针对研究型大学或一般意义上的高校教师发展，而对于不同类型高校的教师发展研究不多，基于胜任特征模型的教师发展研究更少，本书选择个案高校进行深入研究具有很强的实践意义和一定的理论价值。通过问卷调查及深入访谈，发现工科类地方本科高校在教师发展方面存在以下问题：教师群体职业认同度高，但年轻教师职业认同度较低；教师的发展定位高，但阶段性目标不清晰；教师发展不均衡，教学发展、个人发展内容弱化；教师发展项目实施过程僵化，缺乏针对性；教师发展机构不健全，缺乏专业从事教师发展的工作人员，开展的实质性工作不多。

通过对美国、日本及德国高校教师发展实践研究，发现高校教师发展深受各国政治、经济、文化及高等教育管理体制等因素的影响。美国高校教师发展源于高校自身发展的需要，自发成立专门机构，设专职人员从事教师发展研究与实践工作；日本高校教师发展，主要依靠国家力量的推进，以改善高校教师教学内容和教学方法为主要目标，建立7个不同的促进各高校教师发展的共同据点，负责不同的高校教师发展工作；德国高校教师公务员制度体现出浓厚的"国家主义"特色，国家对高校教师发展与培养提出严格的内容、结构以及学时要求，建立科学完善的评估和认证体系使教师发展在很大程度上得益于自我评价和完善。

建立教师胜任特征模型，为教师发展提供依据。通过分析工科类地方本科高校的职能特点，提出符合组织发展和人才培养目标定位的基本特征；通过对优秀教师进行深入访谈，提炼出优秀教师特征；通过对学生进行调查以及对评选的"学生心目中的好老师"进行访谈，提出"以学生为中心"视角的教师胜任特征。基于此，在相关理论指导下，形成工科类地方本科高校教师胜任特征量表，并编制调查问卷，进行调查分析，构建工科类地方本科高校教师胜任特征模型。

通过以上分析，依据工科类地方本科高校教师胜任特征模型，结合全视角学习理论、学习型组织理论、职业生涯管理等相关理论，以及对案例高校的深入调查和分析，从4个方面提出工科类地方本科高校教师发展策略建议：(1) 要坚持以"教师为本"，全面发展的理念。坚持教师发展与学校发展相统一、师德至上的原则，分析不同群体差异，促进教师全面发展。(2) 明确发展内容，确立发展目标。依据胜任特征模型，根据工科类地方本科高校教师特点，分析不同发展阶段教师的需求，确定不同的发展内容和目标。(3) 完善发展模式，科学设计实施发展项目。提出4种适合工科类地方本科高校教师发展的模式，即示范中心辐射模式（DRM）、教师发展促进联盟模式（FDAM）、校园中心模式（CCM）、院系项目模式（DPM）。(4) 加强组织保障，培养教师发展专业人员。提出建立由政府、社会组织及专业协会、学校及基层学术组织、教师发展工作者共同组成的工科类地方本科高校教师发展组织保障系统。

目　录

第一章　导论 ………………………………………………（1）
　第一节　选题缘由及研究背景 ………………………………（1）
　第二节　文献综述及研究意义 ………………………………（10）
　第三节　核心概念及研究问题 ………………………………（36）
　第四节　研究思路与方法 ……………………………………（40）

第二章　基础理论概述 ……………………………………（44）
　第一节　全视角学习理论 ……………………………………（44）
　第二节　学习型组织理论 ……………………………………（48）
　第三节　职业生涯管理理论 …………………………………（51）

第三章　工科类地方本科高校教师发展现状及症结探析 …（56）
　第一节　研究设计及样本选取 ………………………………（56）
　第二节　工科类地方高校教师发展现状 ……………………（65）
　第三节　调查结论及分析 ……………………………………（94）

第四章　高等教育发达国家教师发展实践研究 …………（102）
　第一节　美国高校教师发展 …………………………………（102）
　第二节　德国高校教师发展 …………………………………（110）
　第三节　日本高校教师发展 …………………………………（116）
　第四节　启示与借鉴 …………………………………………（122）

第五章　工科类地方本科高校教师胜任特征模型构建研究 …………（125）
  第一节　基于高校职能分析的教师胜任特征 ………………（126）
  第二节　基于优秀教师访谈的胜任特征指标 ………………（130）
  第三节　基于学生视角的胜任特征指标 ……………………（132）
  第四节　工科类地方本科高校教师胜任特征模型构建 ……（138）

第六章　工科类地方本科高校教师发展策略研究 ……………（147）
  第一节　建立共同愿景，理清发展思路 ……………………（147）
  第二节　明确发展内容，确立发展目标 ……………………（150）
  第三节　完善发展模式，科学设计实施发展项目 …………（155）
  第四节　加强组织保障，培养教师发展专业人员 …………（166）

第七章　结语 ……………………………………………………（171）
  第一节　研究结论 ……………………………………………（171）
  第二节　研究创新 ……………………………………………（173）
  第三节　局限及展望 …………………………………………（174）

参考文献 …………………………………………………………（176）

附录　调查问卷及量表 …………………………………………（188）

第 一 章

导　　论

第一节　选题缘由及研究背景

"善之本在教，教之本在师。"教育是社会进步和民族振兴的基石，高等教育是社会发展的助推器。高校教师是高等教育的实施者，扮演着老师、学者、服务者等多重角色，从根本上决定了高等学校的教育教学、科学研究水平。[1] 1998年，《世界高等教育宣言》发布，宣言指出：高等教育机构发展的关键是要建立具有活力的教师发展政策。[2] 高校教师的质量就是高等教育的质量，高校教师的行为、观念、素质、学识直接影响大学生的成长，高等教育的差距归根结底取决于高校教师的差距。[3] 因此，高校教师的发展很大程度上决定了一所高校乃至整个国家高等教育发展的水平、质量和特征，决定着国民素质，[4] 影响着国家的发展与兴衰。

随着知识经济的发展，全球化竞争加剧，世界高等教育正经历着深刻的变革，从象牙塔走向经济社会的中心，成为社会发展的重要动力和支柱。高校教师是高等教育发展的推动力，教师素质和水平影响着高等学校的教育教学能力和社会声誉，企业、家长、学生等社会群体对高校教师的素质

---

[1] 《中国高等教育教学质量发展报告》编委会：《中国高等教育教学质量发展报告》，高等教育出版社2010年版。
[2] 明轩：《〈世界高等教育宣言〉概要》，《教育发展研究》1999年第3期。
[3] 管培俊：《关于教师教育改革发展的十个观点》，《中国高等教育》2004年第2期。
[4] [日] 有本章：《大学学术职业与教师发展》，丁妍译，复旦大学出版社2012年版。

和水平要求越来越高，世界各国都加强了对高等教育的重视程度，更加重视高校教师发展，提出了促进本国高校教师发展的新理念和新模式。

我国提出要建设创新型国家，走中国特色新型工业化道路，工科教育被提到了尤为重要的地位。我国工程教育研究专家朱高峰院士指出，我国工程教育在整个高等教育体系中占三分之一的比重，最高时占40%，工科教育规模居世界第一。[①] 目前，国家正在实施"卓越工程师教育培养计划"（以下简称"卓越工程师计划"），提出高等学校分类管理、"应用技术型大学"建设战略，这些战略计划成功的标志是培养造就出一大批具有将所学知识转化为应用技术的卓越工程师及后备人才，要胜任这一任务，其关键在于建设一支能完成这一使命的工科教师队伍。[②]而工科类地方本科高校承担着为地方经济发展培养应用技术型人才的重任，在发展战略与人才培养定位等方面具有一定的特殊性，在发展历史进程中有其固有的特点，[③] 对于一名具有多年在工科类本科院校从事人力资源管理的教育博士生来说，研究工科类地方本科高校教师发展问题成为笔者义不容辞的责任。

一　高等教育变革对高校教师发展提出了新要求

"以学生为中心"的本科教育理念在20世纪中期由美国学者提出，引发了美国本科教育的系列变革。1998年，联合国教科文组织提出"高等教育需要转向'以学生为中心'的新视角和新模式"，并预言"以学生为中心"的新理念必将在21世纪对世界高等教育产生深远影响。[④]

我国高等学校应该如何应对"以学生为中心"理念的影响？刘献君教授指出，无论在古代中国，还是世界其他国家，"以学生为中心"的教育理念早已存在。但由于工业革命的影响，班级教学制度的提出，中国的特殊国情等因素，近代以来的教育逐渐偏离了"以学生为中心"。随着

---

① 朱高峰：《高等工程教育研究的战略意义——在清华大学工程教育研究中心成立大会上的讲话》，《清华大学教育研究》2009年第2期。

② 林健：《胜任卓越工程师培养的工科教师队伍建设》，《高等工程教育研究》2012年第1期。

③ 陈厚丰：《中国高等学校分类与定位问题研究》，湖南大学出版社2004年版。

④ 张俊超：《推进从"教"到"学"的本科教育教学变革——"院校研究：'以学生为中心'的本科教育变革"国际学术研讨会暨中国高等教育学会院校研究分会2012年年会综述》，《高等教育研究》2012年第8期。

信息技术、心理学科、教育学科的发展，以及建构主义学习理论的产生，"以学生为中心"的观点重新受到教育界的关注。①1952 年，美国心理学家卡尔·R. 罗杰斯（Carl R. Rogers）在哈佛大学首次提出"以学生为中心"（Student-Centered Learning，简称为"SCL"）的概念。2012 年 7 月，以"'以学生为中心'的本科教育变革"为主题的国际学术研讨会在华中科技大学召开，与会专家认为，实现从以"教"为中心向以"学"为中心转变是"以学生为中心"的高等教育变革的最根本转变，即从"传授模式"向"学习模式"转变，从"教师将知识传授给学生"向"让学生自己去发现和创造知识"转变。②以学生为中心，就是要着力于学生的发展，着力于学生的学习，着力于学习效果。③

随着我国高等教育的迅速发展，在校生规模迅速扩大，2008 年我国高校在校生规模已跃居世界第一，④但高校教师不足，高素质、高水平人才短缺，已成为不容忽视的、影响高校发展的关键，人才培养质量也受到了社会质疑：2005 年钱学森提出"为什么我们的学校总是培养不出杰出人才？"在教育界引起广泛讨论。2009 年，《中国教育报》一项对 12398 名大学生调查的结果显示：79% 的人认为大学里学不到有用的东西，77% 的人认为大学所学东西与现实脱节，80% 的人对学校的课程设置、教学内容不满意。⑤2012 年 6 月，《中国青年报》的万人调查显示，34% 的人后悔读大学，51% 的人认为，在大学里没学到有用的东西。⑥

为应对高等教育变革的影响及教育质量滑坡，教育部 2005 年发布《关于加强高等学校本科教学工作提高教学质量的若干意见》，提出 16 条意见，对教师教学工作提出了明确要求。教师是重要的教育教学资源，⑦是教育教学、专业建设、课程建设的实施者，是影响人才培养质量的关

---

① 刘献君：《论"以学生为中心"》，《高等教育研究》2012 年第 8 期。
② http://blog.sina.com.cn/s/blog_913c55c10102vlq8.html.
③ 赵炬明：《中国高等教育学会院校研究分会第五届国际学术研讨会报告》，2012 年 7 月 12 日。
④ http://www.cnr.cn/2004news/internal/200804/t20080412_504760624.html.
⑤ 《应用型人才培养：高等教育目标的调整》，《教育发展研究》2009 年第 5 期。
⑥ http://www.dezhoudaily.com/news/guonei/2012/06/2012-06-29348144.html.
⑦ 张应强：《高等教育大众化背景下的教学质量保障问题》，《高等教育研究》2003 年第 6 期。

键因素,是高等教育改革的中心和核心要素,甚至被视为高校和高等教育改革的心脏。[1] 而目前我国高校教师均是在传统的高等教育模式下培养的优秀人才,特别是工科类地方高校教师多来自于重点高校和科研院所,对传统的教育模式有一种惯性的墨守和坚持,这种墨守是潜意识的选择,也是一种习惯。在高等教育大变革时期,要实现从以"教材、教师、课堂"为中心的"老三中心"走向以"学生发展、学生学习、学习效果"为中心的"新三中心",教育理念、课程设计、教学方法、教学手段等方面都对教师发展提出了新要求,要进行教学理念、教学方法、服务理念、管理理念、评价手段的系统改革。

二 后扩招时代工科教育发展对教师提出的新挑战

1999年,随着我国《面向21世纪教育振兴行动计划》的颁布与实施,高校开始大规模扩招。当年全国普通高校招生人数达160万人,较1998年扩招52万人,增幅高达48%,自此,我国高等教育进入大扩招时代。并且扩招还在不断推进,2002年全国普通高校招生320万人,毛入学率达15%,按照马丁·特罗的高等教育发展阶段理论,我国高等教育开始进入国际公认的大众化阶段。2008年高校录取人数达607.7万人,毛入学率达23.3%,录取率首次突破50%,高等教育在学人数达到2021万人,高等教育规模居世界首位。高校在校生数从1999年的410万人增加到2013年的2500万人,增长幅度高达510%。

高校生规模的不断扩张,给高等教育带来了前所未有的困难和矛盾:一是教育资源,从校园面积、住房、实验设备等硬件设施,到教师数量、质量等,严重不足;二是教学管理相对薄弱。在校生数量的增多对校园文化的冲击,无处不在。[2] 由于我国高等教育的特殊性,硬件设施由政府解决(这也是21世纪初期我国大学纷纷征地建设新校园的起因),但是,"大学者,非大楼之谓也,有大师之谓也",教师是高等教育质量提高的关键,教师成为高校发展的瓶颈。为弥补扩招后教师数量的不足,各高

---

[1] 李志锋:《大学教师发展:实践困境与矛盾分析》,《教师教育研究》2008年第1期。
[2] 刘献君:《2003—2008年普通高等学校教学工作水平评估工作研究报告》,高等教育出版社2012年版,第4—5页。

校大量引进应届大学毕业生（主要为硕士、博士研究生）充实教师队伍，高校教师人数也快速增加，从 1999 年的 42.6 万人，增加到 2013 年的 149.7 万人，增长幅度为 251%。图 1—1 为 1999—2013 年全国高校在校生人数及专任教师人数增长率变化图。

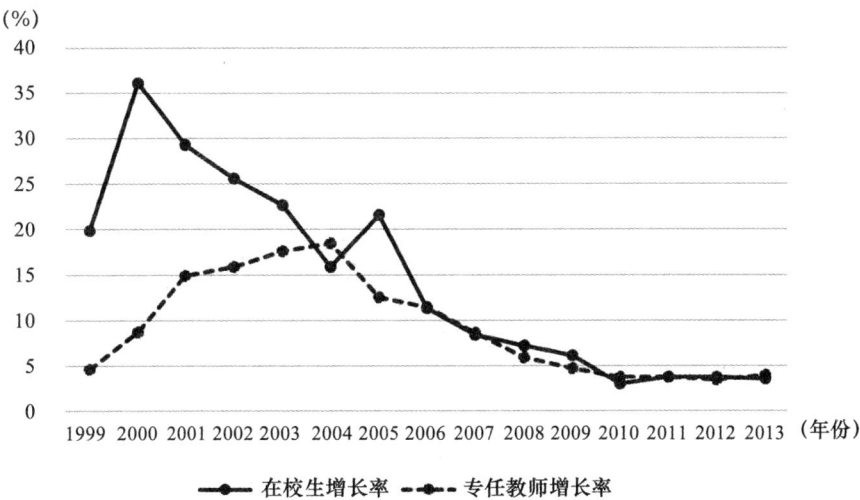

图 1—1　1999—2013 年全国高校在校生人数及专任教师人数增长率变化

资料来源：根据教育部网站公布的数据整理。

从图 1—1 可以看出，随着招生规模的扩张，教师数量迅速增加，但在扩招后的 2004 年，学生的增长率首次低于教师的增长率，分析其原因，一方面，通过 2003 年开始的普通高等学校教学工作水平评估，政府、社会及各高校均认识到扩招对高等教育质量的影响，2005 年扩招虽有反弹之势，但还是整体保持了下行趋势，2006 年后，教师增长率和学生增长率基本持平；另一方面，由于我国人口结构的变化，自 2008 年开始，我国高考适龄人口数量下降，参加高考的人数下滑，以及国外高校的教育分流，我国高校在后扩招时代[①]呈现出生源危机、成本危机、质量危机等，对高等教育发展提出新的挑战。同时，从新增教师年龄结构看，青

---

① 王文龙：《后扩招时代中国高等教育发展危机分析》，《教育学术月刊》2011 年第 10 期。

年教师人数剧增,40岁以下青年教师占教师总数的60%左右,曾一度接近70%(见表1—1)。

表1—1　　2003—2013年全国高校专任教师数量以及年龄结构

年度	专任教师数	30岁及以下	31—35岁	36—40岁	41—45岁	46—50岁	51—55岁	56—60岁	61—65岁	66岁及以上
2013	1496865	236347	364180	266353	218156	195191	120505	68890	16920	10523
2012	1440292	293610	340893	242377	199234	200304	85343	56443	13587	8501
2011	1392676	312345	324311	235413	189856	174611	81347	52961	13787	8045
2010	1343127	336402	284343	222533	192994	157506	82999	44318	14644	7388
2009	1295248	353441	255487	213245	198847	131092	82386	40399	13720	6631
2008	1237451	357507	233748	201652	203499	103946	77687	38322	14363	6727
2007	1168300	349401	217412	183974	200721	89644	69072	36122	15245	6709
2006	1075989	320176	199954	172084	179883	86960	59325	36626	14624	6357
2005	965839	283264	180642	166075	149314	81975	50240	36230	12884	5215
2004	858393	246246	159483	161372	117917	77328	43542	36037	11913	4555
2003	724658	206107	134745	151790	82615	64593	36170	34081	10879	3678

资料来源:根据教育部网站公布的《高等教育年鉴》数据整理。

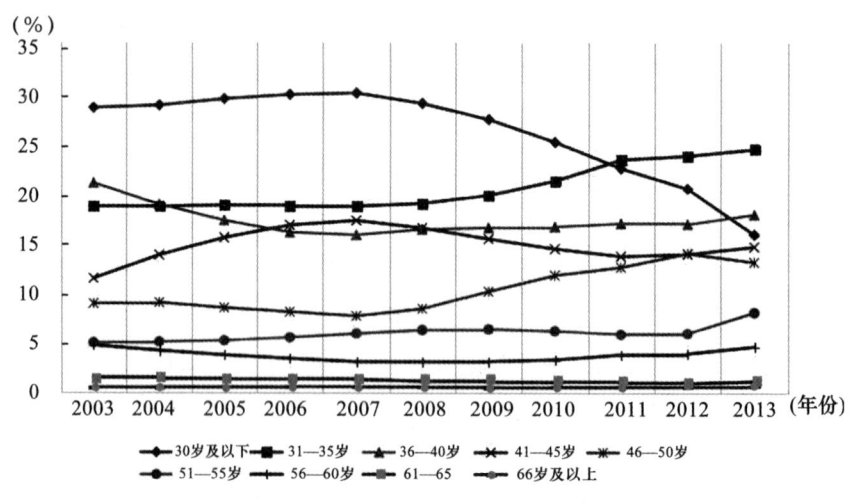

图1—2　2003—2013年专任教师年龄结构变化

资料来源:根据教育部网站公布的《中国教育年鉴》数据整理。

从图 1—2 可以看出，在 2007 年，30 岁以下青年教师的数量达到峰值，随后开始下降，而 31—35 岁教师的数量逐年上升，其他各年龄段教师比例变化不大。随着各高校引进年轻博士进入教师队伍，青年教师的年龄结构有所变化，但青年教师仍是高校教学的主力军，承担着繁重的教学任务。由于我国师范教育主要培养中小学教师的特点，毕业于综合性大学、科研院所的研究生基本没有经历系统的教学训练，入职后他们的发展受制于教师紧缺、系统的岗前培训缺失，而他们的发展又制约着高等教育教学质量的提高。因此，促进教师发展，特别是青年教师发展，成为各级政府及高校迎接新挑战的首要任务。

为提高教育教学质量，2007 年 1 月，教育部、财政部联合颁发《关于实施高等学校本科教学质量与教学改革工程的意见》，提出要"加强高等学校内涵建设，提升我国高等教育质量和整体实力"；2010 年 3 月，《国家中长期教育改革和发展规划纲要（2010—2020 年）》颁布，提出要"全面提高高等教育质量和人才培养质量，并将提高质量作为高等教育发展的核心任务"。作为高校的办学主体，人才培养的实施者，高校教师素质和能力的提升被提到前所未有的高度。2011 年《高等学校教师职业道德规范》颁布，对高校教师职业道德规范提出具体要求，2012 年《全面提高高等教育质量的若干意见》《关于加强高等学校青年教师队伍建设的意见》等一系列关于促进高等学校内涵建设的政策出台，对教师能力的培养提出了具体要求和实施举措。各高校也制定相应政策和措施，加强教师培养，促进教师全面发展，加强内涵建设，提升教学质量。

同时，为落实党的十七大提出的建设创新型国家、实现工业化和现代化的发展战略，2010 年 6 月，"卓越工程师教育培养计划"开始实施，对工科类高校提出了新要求。"卓越工程师计划"的实施是促进我国工程教育改革的突破口，具体实施要遵循"行业指导、分类实施、校企合作、形式多样"的原则，支持不同类型的高校参与，培养不同类型的工程技术型人才，适应不同层次的社会需求。培养包括现场工程师、设计开发工程师和研究型工程师等多种类型的工程师后备人才，[1] 旨在为我国创新

---

[1] http://www.moe.gov.cn/publicfiles/business/htmlfiles/moe/s6342/201102/xxgk_115066.html.

型国家的建设奠定坚实的人才基础。

工科类地方本科高校,在"卓越工程师计划"的末端,培养的是服务于区域经济和社会发展的现场工程师,而工科类地方高校教师主要来源于应届硕博毕业生,这些年轻教师从高校到高校,没有进行充分的职前准备,虽然在专业学术研究上接受了严格的训练,但没有现场实际工作经验,离胜任"卓越工程师",还有很长的距离。另外,还存在老教师对于学生规模迅速扩大、工作量快速提升、超负荷运转不适应等问题,而各高校对教师发展缺乏规划,特别是对青年教师工程实践能力的培养缺乏科学系统的方案和行之有效的制度,缺乏对教师职前、入职、在职教育的全程规划。[1] 要建设一支能满足"卓越工程师计划"要求的教师队伍,教师发展的任务还非常艰巨。

三 促进高校教师发展的制度环境和氛围已经形成

2006年10月,以"大学教师发展与高等教育质量提升"为主题的高等教育质量国际学术研讨会在我国厦门大学举行,潘懋元教授做了题为"大学教师发展与教育质量提升"的专题报告,并发表《高校教师发展简论》[2] 一文,拉开了我国高校教师发展研究与实践的序幕。"十二五"初期,国家制定相应规划、措施,促进高校教师全面发展,相继颁布、实施《国家中长期教育改革与发展纲要》《高等学校本科教学质量与教学改革工程》《关于加强教师队伍建设的意见》等文件,提出要严格审查教师资质,不断完善高校教师培养培训体系,创新中青年教师培养新模式和新机制,做好培养培训规划,进一步优化队伍结构,进一步提升高校教师队伍的综合素质,提高专业水平和教学能力,实现中青年教师培养培训常态化、制度化。[3]

2012年8月,国务院《关于加强教师队伍建设的意见》出台,9月,教育部、组织部、宣传部、发改委、财政部以及人力资源社会保障部联

---

[1] 丁三青、张阳:《三位一体的工科教师培养体系研究》,《等工程教育研究》2007年第6期。

[2] 潘懋元:《高校教师发展简论》,《中国大学教学》2007年第1期。

[3] http://www.moe.gov.cn/publicfiles/business/htmlfiles/moe/s6342/201109/xxgk_125202.html.

合下发《关于加强高等学校青年教师队伍建设的意见》,教师培养与发展问题已成为各级教育管理领导者重视的影响高等学校发展的关键问题。2013年8月,教育部批准成立30个国家级教师发展示范中心,各省市都制定了关于加强高等学校教师队伍发展的政策和措施,各高校也在分析研究适合本校特点的教师发展策略,形成了有利于促进教师发展的制度环境和氛围。

四 我国高校教师发展研究与实践的需要

高校教师发展在高等教育发达的国家从高校自发的实践起步,推动理论研究的发展。美国是高校教师发展研究与实践的起源地,始于20世纪60年代,日本始于80年代,从关注教师的教学发展、专业发展、组织发展,再到个人发展,贯穿教师成长的全过程。而我国,对教师发展的研究主要集中于基础教育领域,对中小学教师的培养与发展已有一套非常完善的体系,研究成果和实践经验都非常丰富,但关于高校教师发展,研究与实践都还不够,处于起步阶段。近几年关于高校教师发展的研究也多以定性分析为主,强调队伍集体的提升。随着高等教育发展,高校呈现出层次化和多样化的特点,我国先后提出建设"211工程""985工程"及省部共建、应用技术型高校等,提出高校分类分层管理和发展的战略。各地方政府也提出相应措施,提出区域内高等教育发展战略。例如,河南省提出,高等教育要优化布局、调整结构、提升质量,启动高校分类发展计划,加强分类指导,引导高校在不同层次、不同领域办出特色、争创一流,重点建设2—3所国内高水平大学,7—10所特色骨干大学,10所左右示范性应用技术型本科高校,20所左右品牌示范职业技术院校。[1]

不同层次和类型的高校,由于其人才培养定位与发展目标的不同,对教师的要求和发展定位也各不相同,从而导致教师专业发展与培训模式的多样性。[2] 目前我国各类高校教师均是来自所谓的重点高校或研究机构的研究生,而高校培养模式同质化,以学术素养培养为主,对毕业后

---

[1] http://edu.people.com.cn/n/2015/0724/c244541-27357140.html.
[2] 潘懋元:《应用型本科院校人才培养的理论与实践研究》,厦门大学出版社2011年版。

拟从事高校教师职业的研究生，缺乏必要的理论与实践的培养，如缺乏教育教学理念、教育技术方法、教育心理调适等的培养。对于拟到工科类地方本科高校从事应用技术型教育工作的研究生，更缺乏相应的指导和训练。目前我国高校教师岗前培训内容学科化呈现、计划式供给，导致岗前培训"内容空洞、形式化、教条化、缺乏实用性与针对性"[①]。从供给侧改革形势看，这种现象使得各高校教师入职后的培养和发展更加重要和必需。但我国现有的高校师资培训模式单一，缺乏系统性，并且开展实质性的工作不多，已不能满足多样化的教师发展和高等教育变革的需要，[②] 特别是对于应用技术型人才培养所需要的技能和素质的养成，目前的高校教师培训体系缺失，因此研究满足不同人才培养目标的高校教师发展问题已成为当下高校教师发展研究者和实践工作者共同关注的课题，也是高校教师发展研究与实践的深水区。

第二节 文献综述及研究意义

文献研究不仅能帮助研究者梳理已有的研究成果，提示研究选题的背景，更能使研究者明确本研究在所研究领域中的位置，进一步明确研究意义。本研究为了更好地把握高校教师发展的一般规律，在进行文献梳理时本着"从一般到特殊"的思路展开，沿着高校教师及学术职业—高校教师发展—工科类地方本科高校教师发展的顺序进行，以使读者对高校教师、学术职业、高校教师发展有一个追踪溯源、全面的了解和认识，从而更好地把握"工科类地方本科高校教师发展"的特殊性，进一步说明我国高校教师发展研究的迫切性，以及本书研究的意义；通过对胜任特征模型，特别是高校教师胜任特征模型研究文献的梳理，为建立工科类地方本科高校教师胜任特征模型奠定基础，更有助于理解本研究

---

① 赵慧君：《"校园内的公共服务"：高校教师岗前培训改革与发展研究》，博士学位论文，湖南师范大学，2011年。

② 钟秉林、刘丽：《我国大学教师发展的现状、困境和对策》，《国家教育行政学院学报》2012年第9期。

选题的重要意义。本书的研究文献主要来源于中国知网（CNKI）、万方知识平台、SpringerLink 等中外数据库。

一　关于高校教师及学术职业

高校教师的职业特点是其发展的起点。高校教师是一种特殊职业，面对的是活生生的、思想活跃的青年人，这就要求高校教师不仅要具有一般高级知识分子的基本素质，还要具备学术职业赋予的专业特性，即高校教师的专业素质。一直以来，对于高校教师职业的研究被学界所重视，研究内容涉及职业特点、角色定位、师德修养、管理与激励、评价与薪酬、压力与心理状况、职业倦怠及满意度等，研究成果非常丰富。近年来，在研究高校教师职业的相关文献中，"学术职业"（Academic Profession）作为一个新的概念被引入。学术职业的概念来源于西方，是社会劳动分工的产物，欧洲中世纪后期社会的变迁为学术职业的形成提供了基础，以思想和传授思想为主要内容的学术职业成了当时一种新的职业类型，并促进了欧洲中世纪大学的兴起。[1] 马克斯·韦伯认为，"学术职业是以学术作为物质意义上的职业"[2]，强调其物质和精神的双重属性。马丁·芬克斯坦认为，学术职业是具有专业知识背景、不断接受新知识、遵循共同学术伦理和学术规则、随劳动力市场波动的自主性职业。[3] 这个概念在狭义上特指高校的教师群体，而在广义上，还包括这一职业的准入、晋升、评价、伦理以及从业者的变化等，是一个动态的、发展的概念。学术职业对从业者的学术水平和素质的要求要远远高于其他职业，不仅要求从业者对知识继承与创新具有高度的热情，还要求从业者具有高尚的品德、纯洁的从业动机，即物质报酬不是根本，个人自我价值的实现才是从业的根本。

国外对高校教师的研究多是在学术职业的框架下展开的，英美已有多部关于学术职业的著作，如：伯顿·R. 克拉克的《学术职业：国别、

---

[1] 李志峰、沈红：《学术职业发展：历史变迁与现代转型》，《教师教育研究》2007 年第 1 期。

[2] ［德］马克斯·韦伯：《学术与政治》，广西师范大学出版社 2010 年版。

[3] 转引自张俊超《大学场域的游离部落——大学青年教师发展现状及应对策略》，中国社会科学出版社 2009 年版。

学科和院校环境》，按"主要的国际学术中心"原则从北欧和美洲选取了英、法、美、德等国家，从国别、学科、院校三个维度研究探讨了西方的学术职业；马丁·芬克斯坦等三人的专著《新一代学者：一个转折中的职业》，详细地总结了美国学术职业在1986—1992年的变化。A. H. 哈尔西在《学究式统治的下降：英国学术职业在20世纪》一书中，以自己调查学术职业每十年的相关行为和观点变化为基础，详细描述了英国学术职业的学科构成、物质环境、地位、态度、价值倾向以及士气等，有力地证明了英国学者社群遭遇危机的事实，[①] 1990年，美国卡内基教育促进会主席欧内斯特·博野提出"教学学术"的概念，使学术职业在理论层面得以提升。

我国关于学术职业的研究始于最近十余年，以"学术职业"为关键词进行检索发现，该研究最早始于2004年，但大多数论文是翻译、介绍国外研究，进行比较分析等。主要成果有：刘献君教授2006年出版的《学术职业管理视野中的中国高校教师聘任制研究》，着力从学术职业的角度来研究我国大学教师的管理问题；沈红教授于2005年参加的国际调查与研究项目"变革中的学术职业"，由26国家合作进行，沈红教授专门负责中国大陆，通过向70所高校的4200位教师开展问卷调查，了解中国教师工作的基本情况，如工作时间、教学投入、科学研究、薪酬制度、教学评价等方面，并以此分析中国高校教师职业的吸引力、稳定性、满意度等；随后，李志锋、郭丽君、张英丽、张俊超、王应密等，分别从中国学术职业的国际竞争力、职业变迁、教师流动、聘任制、青年教师成长等方面进行研究，提出中国高校教师已逐渐成为一种专门化的"学术职业"，整体呈现蓬勃发展的趋势，但国际竞争力仍较弱；王晨、陈璞在《繁荣背后的危机——中国学术职业深层分析》一文中指出，学术职业近年来得到了一定的发展，但面临准入没有严格的筛选制度、学术共同体没有完善的学术退出机制等一些深层问题，这些问题使中国学术职

[①] 转引自张俊超《大学场域的游离部落——大学青年教师发展现状及应对策略》，中国社会科学出版社2009年版。

业难以形成良善的学术秩序。① 这些研究，都是对高校教师总体的分析，以学术职业的视角，分类研究、分析某一层次或某一类别的高校教师发展问题还未涉及。张俊超、刘献君教授在《优秀高校教师成长与发展的规律性特征探究》一文中指出，学术职业（Academic Profession）的职业特征主要体现在三方面，即专业性、自主性和超越性②。

钟秉林教授认为，对于学术职业者，其从业动机不仅仅是物质报酬，更重要是个人终极价值的自我实现，这也是高校教师发展的内在需求，③教师发展的内驱力。

二 关于高校教师发展的研究

有关高校教师发展的研究最早来源于美国，其后在西方国家盛行。20世纪80年代日本为提升高等教育质量，借鉴欧美高等教育发达国家教师发展经验，推进高等教育变革，开始对高校教师发展进行研究并将研究成果付诸实践。而我国，对高校教师发展的研究只有十余年的历史。国内外众多学者和管理者从不同视角对该问题进行研究，特别是英美及日本等高等教育发达国家，关于高校教师发展研究的成果较为丰富，为本书研究的顺利进行奠定了良好的基础。

（一）国外高校教师发展研究

1. 美国高校教师发展研究

第二次世界大战后，一方面，美国高等教育规模持续扩大，教育质量滑坡，另一方面，公共财政紧缩、学潮以及社会责问的呼声，使高校压力剧增，为增强高等教育活力，美国高校对教师提出了新的要求，实行FD制度以促进教师素质的改善和提升。1965年，美国密西根大学教师与教学发展中心成立，成为第一个研究和实施高校教师发展的机构，随后，各高校自发成立相关机构，促进本校教师发展。

---

① 王晨、陈璞：《繁荣背后的危机——中国学术职业深层分析》，《清华大学教育研究》2014年第2期。

② 张俊超、刘献君：《优秀高校教师成长与发展的规律性特征探究》，《高等教育研究》2014年第8期。

③ 钟秉林、刘丽：《我国大学教师发展的现状、困境和对策》，《国家教育行政学院学报》2012年第9期。

20世纪70年代，高校教师发展作为一项运动在全国发展起来。有关高校教师发展的概念和理论开始得到初步阐释。关于高校教师发展的概念，1972年肯尼思·艾博（Kenneth Ebel）主持学院教学项目，撰写了第一份关于高校教师发展的报告。主要内容是教学发展以及优秀教学的认可和评价问题，艾博认为，关注教学对提升院校的活力和质量发挥着重要作用；1975年，盖夫（Gaff）提出，大学教师发展是一个使教师提高能力、扩展兴趣、胜任工作，促进大学教师专业与个人发展的过程。[1]

1976年，森吹（Centra）完成了对756所美国大学和学院的教师发展情况的研究，并形成《教师发展在美国大学和学院的实践》（Faculty Development Practices in U.S. Colleges and Universities）。森吹认为，大学教师发展的目的是使大学教师更成功和更使人满意。[2] 这一研究促进了院校中实际开展的、最有效的教师发展的服务和活动的推广。

进入20世纪90年代，大学教师的发展有了新的挑战。欧内西斯·L. 博耶（Ernest L. Boyer）提出教学学术的概念。认为现代学术不仅指某个领域的研究发现，也涵盖与这个学科有关的教与学，以及应用知识解决社会问题等方面。提出了四种相互联系的学术，即探究的学术、整合的学术、应用的学术和教学的学术。教学学术的概念被确立，以促进教学与研究的融合。[3]

1991年，美国教育联合会（NEA）在《大学教师发展：国力的提升》报告中对大学教师发展提出系统、全面的界定，认为教师发展涉及四个目标内容，即个人发展、专业发展、组织发展和教学发展。随后，美国高等教育联合会（AAHE）发起对教师职责、职业角色等的大讨论，认为现代大学教师要肩负教学、研究、咨询、社区服务、参与大学管理等多种职责，远远超出对大学教师的传统要求，而要履行这些职责的品质养成，虽始于研究生阶段，在成为大学教师后还应继续得到强化，大

---

[1] Jerry G. Gaff, *Toward Faculty Renewal: Advance in Faculty, Instructional and Organizational Development*, Jossey-Bass, 1975, p. 14.

[2] John A. Centra, "Types of Faculty Development Programes", *The Journal of Higher Education*, Vol. 49, No. 2, 1978.

[3] Ernest L. Boyer, *Scholarship Reconsidered: Priorities of the Professoriate*, Jossey-Bass, 1990, pp. 8–9.

学和专业学会负有义不容辞的责任。因此卡耐基教学知识学会（CASTL）成立，旨在提高大学教师有关教与学的知识，并重新对学者的教师角色加以认识。①

关于大学教师发展的理论模型，美国学者从实践中总结、提升，对教师发展的基本内涵、组成、实施以及相互关系进行阐述。1975 年，美国学者伯格威斯特（Bergquist）和菲利普斯（Phillips）提出了第一个高校教师发展模型，认为大学教师发展包括态度、过程和结构三个方面。大学教师发展是由个人发展（态度）、教学发展（过程）和组织发展（结构）三部分相关活动组成。② 也就是说，一个有效的大学教师发展项目，必须涉及教师的个人态度（个人发展）、院系及学校政策的支持（组织发展），以及教学过程的实践（教学发展），否则教师发展不可能取得满意的效果（如表 1—2 所示）。

表1—2　　　　伯格威斯特和菲利普斯大学教师发展模型

	态度：个人发展	过程：教学发展	结构：组织发展
重点	教师个人	教师个人、教学进度、课程	学术与行政管理计划、院系
目标	澄清价值观、态度和教育哲学，改善教师内心和人际关系技能	提高教学效能	提高组织效能
活动	人生规划工作坊、教师访谈、人际交往技能培训、个人成长工作坊、支持性和治疗性的咨询服务	教学观察与诊断、微观教学、教学评价、教学方法与技术培训、课程设计、课程发展	组建团队、冲突管理、进行决策、管理培训

资料来源：William H. Bergquist and Steven R. Phillips, "Components of an Effective Faculty Development Program", *The Journal of Higher Education*, 1975, Vol. 46, No. 2, p. 183.

---

① 林杰：《美国大学教师发展运动的历程、理论与组织》，《比较教育研究》2006 年第 27 卷第 12 期，第 30—34 页。

② William H. Bergquist and Steven R. Phillips, "Components of an Effective Faculty Development Program", *The Journal of Higher Education*, 1975, Vol. 46, No. 2, pp. 181 – 182.

同年，美国学者盖夫在《大学教师更新》中提出第二个大学教师发展模型。盖夫同样认为大学教师发展是由个人发展、教学发展和组织发展三部分组成。不同的是，盖夫更关注教学发展，并将教学发展的目标指向"促进学生学习"，同时指出科目和课程设计是教学发展的重点和核心。盖夫对"学术能力强，教学水平就高"的错误认识进行了批驳，并进一步丰富了组织发展的内容，认为改进激励机制、设计稳定冲突解决程序以及构建制度化的教师团队等都属于组织发展的内容。

随着对教师发展研究与实践的推进，1977年，伯格威斯特和菲利普斯对1975年的教师发展模型进行了进一步的修正和补充，提出了一种新的概念模型。他们指出，前两个模型的缺点是将各层次分割开来，限定了层次之间的相互作用，同时提出，教师发展的三个维度（个人、教学、组织）和三个组成部分（态度、过程、结构）是相互影响的，如教学发展不仅影响过程层次，也影响结构和态度层次。并提出共同体发展（Community Development）、制度发展（Institutional Development）[①]的新概念。他们认为在高校的制度发展之外，还有一个更宏观的制度环境。这表明，一方面，高校教师发展受外部社会环境的影响越来越深，另一方面，成熟有效的高校教师发展项目离不开外部环境的支持（如表1—3所示）。

表1—3　　伯格威斯特和菲利普斯修正的大学教师发展模型

	态度	过程	结构
个人	教学发展：课程改革与教育技术、课程设计的咨询与培训 组织发展：教师激励机制、教师评价	教学发展：课程观察、诊断和培训，多人和小组合作技能培训，课堂与教师角色技能培训	教学发展：备选教学法的改善、教学讨论、价值澄清 个人发展：教师个人事业发展规划、咨询

[①] 林杰、李玲：《美国大学教师发展的三种理论模型》，《现代大学教育》2007年第1期。

续表

	态度	过程	结构
小组	教学发展：课程与教学进度设计咨询、跨学科与小组教学 组织发展：系所重组、时空的利用	教学发展：学科和系所的教学培训计划、同行观察与反馈 组织发展：小组过程观察	教学发展：知识利用、系所或部引退 组织发展：组建团队、支持小组
制度	共同体发展：交流与支持网络 制度发展：研究与发展中心、大学教师发展、项目管理	共同体发展：小组协商 制度发展：实施发展项目、大学教师发展项目规划与实施	共同体发展：创建共同体 制度发展：应对变化的发展、大学教师发展、支持新项目
宏观制度	制度发展：基金、正式网络和财团的建立	制度发展：定义和澄清职业变化的新方向、教育变革机构的继续教育	制度发展：著作或期刊的出版、示范项目、合作研究计划

资料来源：William H. Bergquist and Steven R. Phillips, *A Handbook for Faculty Development*, Volume 2, Washington, D. C：The Council Independent Colleges, 1977, p. 9.

鲍尔温和布莱克本教授倡导教师发展活动与职业发展阶段相联系，并研究了不同职业发展阶段教师的特征，将高校教师职业发展分为五个阶段，即简单适应/关注学科期、从关注学科到关注教学方法的转变期、反思期、思维和行动的选择模式阶段、特色形成期。[1] 1995 年克罗利调查了 104 所研究型大学的教师发展项目；2002 年，约翰·P. 莫里调查了社区学院教师发展项目的开展情况，研究认为，要开展将教师工作与学院任务和需要相联系的教师发展项目，高校对资深教师发展承担的责任有限，自我的结构是一个相对稳定的体系，高校教师发展所包含的内容多属于自我发展中的内容，在某些重要的方面改变教师行为是非常困难的；唐纳德·吴尔夫等的《教授是怎样炼成的：未来大学教师培养的改进策

---

[1] Freedman M., *Academic Culture and Faculty Development*, Berkeley, CA：Montaigne, Inc., 1979.

略》提出教授的学术基本功源于其研究生期间所经历的严格学术训练;[①]贝恩（Bai）在其编著的《如何成为卓越的大学教师》一书中提出，好的教学方法是可以学习的，卓越教师对学生会产生持久的积极影响;[②] 菲利普·G.阿特巴赫在《比较高等教育：知识、大学与发展》一书中，从国际比较的视角，阐述了教授与政治的关系以及学生的政治行动主义倾向，并对新兴工业化国家中高等教育的发展进行了讨论。[③]

在对影响高校教师发展的主要因素的研究方面，学者们认为，教师发展是一个连续的、动态的、纵贯整个职业生涯发展的过程。关于教师发展影响因素的研究，目前有两种理论认可度较高，分别是费斯勒（Fessler）的教师生涯发展影响因素论和格拉特霍恩（Glatthorn）的教师发展影响因素论。[④]

美国约翰·霍普金斯大学的费斯勒教授的动态的教师生涯发展影响因素论把影响因素梳理为个人环境因素和组织环境因素两大方面：个人环境因素包含了家庭因素（Family）、积极关键事件（Positive Critical Incindents）、生活危机（Crisis）、个人性情与意向（Individual Dispositions）、兴趣或嗜好（Avocations Interests）和生命阶段（Life Stages）六个主要因素。组织环境因素包含了学校的规章（School Regulations）、管理风格（Management Style）、公共信任（Public Trust）、社会期望（Societal Expectations）、专业组织（Professional Organizations）和教师协会（Unions）。

格拉特霍恩的教师发展影响因素论认为影响教师发展的因素主要有三方面：一是个人因素。与教师个人相关的因素——认知发展、生涯发展和动机发展——三个词语比较理论化，表达了有关教师素养的三个维度。认知发展表达了教师教育能力、教学方式及其思维能力等方面的发展因

---

① ［美］唐纳德·吴尔夫、安·澳斯丁：《教授是怎样炼成的：未来大学教师培养的改进策略》，北京大学出版社2010年版。

② ［美］肯·贝恩：《如何成为卓越的大学教师》，北京大学出版社2007年版。

③ ［美］菲利普·G.阿特巴赫：《比较高等教育：知识、大学与发展》，人民教育出版社2001年版。

④ 杨秀梅：《费斯勒与格拉特霍恩的教师发展影响因素论述评》，《外国教育研究》2012年第5期。

素；生涯发展指教师要知道自己处于教师这个职业生涯的什么阶段，不同的阶段大体具备了不同的职业特征，明了这些阶段的特质可以更好地了解自己的水平；动机发展是教师的内在发展动力源泉，教师的人生价值观、教育理念、教学成就感、良好的同事氛围等都构成了教师发展的动机。二是情境因素。情境因素包括影响教师发展的所有环境因素。麦克劳林与泰尔伯特（McLaughlin & Talbert）曾经提出影响教师发展的五种情境因素，即社会与社区、学校系统、学校、教学小组或院系、教室。三是与促进教师发展活动相关的因素。以上诸方面的因素彼此作用，相互影响，并最终影响教师发展的方向和效果。

对于工科类教师，美国高校特别注重教育哲学、教育理念、教学方法，以及工程实践能力的培养。例如伊利诺伊大学香槟分校教师发展中心，为青年教师及有意选择高校教师职业的研究生开设教育哲学专门课程，讲授内容涉及教育教学理论、学习理论、教学设计、教学技术、教学艺术等，并为他们提供教学实践平台；而工程实践能力的培养由各学院负责，研究、实践与教学紧密结合，工科教师在任课前必须要有实验、实践经验，以保证人才培养目标的实现。

2003年，威斯康星大学为提升教师的教学水平，引入课例教学法。课例教学法以建构主义学习理论和转化学习理论为基础，强调成人学习的合作、反思和转化。要求教师按照组建团队、设定目标、教学设计、研究计划、教学观摩、分析总结的循环过程实施整个教学活动，以提升教师的教学水平和学生的学习能力。① 美国大学的实用主义理念，坚持需求导向、实用有效的工程教育特色，使得各大学对工科教师的实践能力更加重视。

2. 日本高校教师发展研究

20世纪80年代，日本政府和高校开始关注高校教师发展，但对日本高等教育并没有产生关键性的影响，直到20世纪90年代，大学教师发展才逐步得到高等教育政策制定者以及高校管理者的重视，1998年，高校教师发展被日本大学委员会列为高校改革的重要内容，并规定：促进高校教师发展是各高校必须履行的义务。2005年，"日本高等教育展望"提

---

① 蒋胜楠：《美国威斯康星大学教师发展的有效途径》，《外国教育研究》2012年第10期。

出，高等教育改革的重点任务是保证高等教育质量，改革的中心内容是促进高校教师发展。

日本学者关于高校教师发展的概念有广义和狭义之分。广义上是指提高高校教师履行其工作职责的能力和素质，最大限度发挥高校的各项职能的一系列组织化活动。具体包括教师教学内容、方法、技巧的把握和改善，[①] 对教师研究能力提升的支持，以及对教研相平衡的校内组织的构建、教授权限的设定和理解、大学的管理等各方面。狭义的则指教师教学能力的提高。具体内容包括教师对教学技能的运用、课程内容的把握、实践教学的实施、学生学习评价等。日本早期关于高校教师发展的研究与实践多基于对高校教师发展狭义的理解。[②]

2005年，有本章教授提出：保证教育质量是高校教师发展的基本原则，高校教师发展包括五个方面的内容：（1）教育过程；（2）课程内容；（3）培养对象（学生）；（4）促进教师质量提升；（5）评价与奖励制度。并提出要提高教师质量，不但要从国家、学校层面进行有组织的推进，还要在研究生阶段实施教师发展预备教育（Pre-FD），应该将学习置于教学学术的要素之中，即形成融合教育、研究和学习的教学学术共同体。[③]

而关于日本高校教师发展的具体实施情况，效果并不乐观。以校长为对象的调查显示，认为通过教师发展教师素质得以提升的受调查者，比例不足10%；另外一项教师调查显示，认为通过参加"习明纳"改善了教学质量的教师，数量不足50%，还有20%的教师没有参加过"习明纳"，近60%的教师没有听过其他教师的课程。[④]

大多数日本研究者对大学教师发展的理解建立在教学发展的层面，使得日本大学教师发展呈现出注重教学发展而忽视教师其他方面能力全面均衡发展的片面性，随着大学教师发展制度的推进，日本大学教师发展也正向广义的、全面的大学教师发展模式转变。

---

① 陈明伟：《我国大学教师教学发展的研究》，硕士学位论文，江西师范大学，2011年。
② [日] 阿部和厚：《大规模大学进行FD组织化的方法论》，《名古屋高等教育研究》第5号，名古屋大学高等教育研究中心，2005年。
③ [日] 有本章：《教师发展（FD）的课题——日本的视角》，《复旦教育论坛》2006年第4期。
④ 李文英、陈君：《日本大学教师发展制度化探析》，《保定学院学报》2010年第1期。

(二) 我国高校教师发展研究

关于教师发展的研究，我国多集中于基础教育领域，研究成果丰富。目前，对中小学教师专业发展的研究已比较系统和完善，对高校教师发展的研究起步较晚。正如我国著名高等教育研究专家潘懋元先生所言，我国一直认为教师发展的问题，是中小学教师的事情，高校教师发展还是一个新的概念。[①]

我国台湾学者陈碧祥对高校教师发展的关注较早，他认为，大学教师的专业化发展是指大学教师从事教学、研究与服务工作时，经由独立、合作、正式及非正式的进修、研究活动，引导自我反省与理解，增进教学、研究与服务等专业知识与精神，主要目的在于促进个人自我实现、提升学校学术文化、达成学校教育目标，从而提升整体教育质量。[②]近年来，我国关于高校教师发展的研究成果也日渐丰富，截至 2014 年 4 月 20 日，以"高校教师发展""大学教师发展"为标题，检索到期刊论文 243 篇，硕博士论文 53 篇，其中博士论文 4 篇，具体如表 1—4。

表 1—4　2003—2014 年关于高校教师发展研究的学位及期刊论文　（篇）

年度	2003	2004	2005	2006	2007	2008	2009	2010	2011	2012	2013	2014	合计
期刊论文数	2	1	2	7	24	20	14	19	28	31	51	44	243
学位论文数	0	1	2	3	3	8	5	4	6	11	7	3	53
合计	2	2	4	10	27	28	19	23	34	42	58	47	296

从收集到的文献资料看，2003 年，谢安邦教授在《中国高校师资研究》上发表的《自我发展　规范管理——国外高校"教师发展"的经验和启示》[③]一文，开启了我国关于高校教师发展的研究历程。但从表 1—4 可以看出，2003 年相关研究较少，也体现出谢安邦教授介绍国外高校教师发展的经验后，并没有立即引起学界及管理实践者的足够重视，直到 2006 年，

[①] 潘懋元、罗丹：《高校教师发展简论》，《中国大学教学》2007 年第 1 期。

[②] 转引自张俊超《大学场域的游离部落——大学青年教师发展现状及应对策略》，中国社会科学出版社 2009 年版。

[③] 谢安邦：《自我发展　规范管理——国外高校"教师发展"的经验和启示》，《中国高校师资研究》2003 年第 3 期。

关于大学教师发展方面的研究才逐渐增多。之后对高校教师发展的研究持续升温，在 2014 年中国高等教育研究回顾中，专家们认为，高校教师发展研究成为高等教育研究领域七个各方关注较多的主题之一，且研究层次各有特色。[①] 我国关于高校教师发展的研究主要体现在以下方面。

1. 关于内涵与特征的研究

我国关于高校教师发展的内涵与特征还没有统一、明晰的解释。在《国际教育百科全书》中，"大学教师发展广义上指发生在大学教师身上的总体变化。狭义上指为改进教师的教学或科研绩效而进行的发展项目，包括教学发展、专业发展、组织发展和个人发展四个层次。教学发展是指改进教学技能、课程设计、学生学习评价等；专业发展即提高专门知识、技能和学科研究能力；组织发展即提高管理职能及社会服务等；个人发展指价值观、教学态度、沟通交流、自我认知及职业认知等对大学教师自身的理解和认识"[②]。

潘懋元先生认为，广义上高校教师发展指，在终身学习理念下，所有在职大学教师通过不同方式的理论学习和实践活动，提高自身各方面水平的过程；狭义上高校教师发展主要指初任教师教学能力方面的发展，新教师培训是此阶段的主要发展手段。结合当前我国高等教育的发展程度及独特文化背景，潘先生将高校教师发展的内涵概括为学术水平的提高、教师职业知识与技能的提高、师德的提升三个方面。并提出，高校教师发展的内涵因社会发展需要的变化而不同，强调高校教师发展要发挥教师自身的积极性和主动性。[③]

高校教师发展与高校教师培训既有密切联系，又有所区别。高校教师发展离不开各种形式的学习培训，培训是高校教师发展的有效途径，但非唯一途径。不同之处在于教师培训强调外部的推动，以社会、高校的要求为出发点，高校教师处于被动接受的地位；而高校教师发展则强调教师自身的主动性和"内需力"，以教师主体性发挥为出发点，重视教

---

① 潘懋元、别敦荣等：《2014 年中国高等教育研究回顾与述评》，《高等教育管理》2015 年第 2 期。

② 《国际教育百科全书》（第四卷），贵州教育出版社 1990 年版。

③ 吴薇、熊晶晶：《潘懋元先生大学教师发展观与实践探析》，《重庆高教研究》2013 年第 4 期。

师的自主性和个性化，通过教师自我要求、自主学习达到发展目标。①教师培训与教师发展的比较如表1—5。

表1—5　　　　　　　　　教师培训与教师发展比较

	教师培训	教师发展
目的	技能的获得	教学行为的整体改善
理论假设	获得技能，促进教学行为改变	持续的学习、实践、反思，循环提升，改进教学行为
内容	公共知识为主，自我实践为辅	注重过程性知识，注重个体验、实践与反思
方式	传授式为主，以培训者为中心	参与式、实践体验式为主，以参与学习者为中心

教师发展实践中，我国仍以促进师德、师风、师能各方面的提升为抓手，进行政策制定和项目实施活动。师德是一个人能成为一名教师的根本，即所谓"德高"才能"望重"，师德在教师实践、成长的过程中不断提升，教师因此增强责任感、使命感和敬业精神，热爱学生，热爱教育，逐步将个人价值的实现融入教育，师德是育人的根本。师风是教师的风格、风气和风骨。随着师德修养的提升，师风会逐步清正，在师德发展到可以自检不足，教师个人发现自己的知识和能力与教育目标、理念存在差距时，将兴起自学、自爱、自尊的风气，形成风清气正、勤奋严谨、关爱学生的教育氛围，是社会风气、校园环境、学习型组织、"教""学"氛围的体现，是师德的具体表现。师能即教师获得的学习能力、教学能力、科学研究能力等的总称，是教师胜任教学工作的基础。2014年，国家教育部颁发《关于建立健全高校师德建设长效机制的意见》，提出健全高校师德师风建设的长效机制，以宣传、考核、监督、激励、惩处为主要措施，在师能建设方面，仍以制度化"培训"为基本形式，教师的自主意识不够，虽然近几年不少高校成立教师发展中心，但实质性工作开展得并不顺利，教师发展中心的学术性、独立性、专业性

---

① 潘懋元、罗丹：《高校教师发展简论》，《中国大学教学》2007年第1期。

和感召力明显不足，具体表现为中心的性质尚未完全展现、建制尚不完备、作用尚不充分、覆盖面尚不够广等。①

2. 关于高校教师发展制度的研究

20世纪80年代后，我国关于大学教师培养与发展的政策陆续出台，王昕红教授进行系统的梳理和研究后提出，我国大学教师发展政策分为三个阶段：初期，恢复教育地位，倡导尊师重教（1985—1990）；中期，教师发展管理法制化，教师发展综合化（1991—1997）；后期，多元并举，全面促进教师发展（1998年至今）。在此基础上，从政策理念、政策价值取向、政策动因等方面分析了政策的主要特征及存在的不足，指出教师发展和管理模式已经从国家管理的一元式、单向度转变为国家、大学、教师、市场多元化、多向度、自主、灵活的发展策略及运作模式，从显性的、可控的模式，转变为隐性的、混沌的模式。②

沈红教授指出，我国高校教师发展制度随着权力结构的变化而变化，资源分配的固化和权力的失衡，造成高校教师发展制度较强的路径依赖。③ 从中华人民共和国成立初期"以苏为师"的教师发展制度雏形，到因1978年恢复高考、改革开放、高等教育复苏的需要，提出以培训和学历提高为主要形式的教师培养制度，再到培训工作规程、教师法等制度的出台，高校教师发展形成法制化、多元化态势，随着高等教育大众化的推进，我国高校教师发展制度也走向组织化、机构化的成熟阶段。

张德良在国际视野下研究大学教师发展制度，认为制度与大学教师发展共生共存，并分析了以"自由主义"为特征的美国大学教师发展制度、以"国家主义"为特征的德国大学教师发展制度和以"学院特色"为特征的英国大学教师发展制度，在此基础上，结合我国实际，提出我国大学教师的发展制度应从"二元对立"走向"二元共融"，即国家控制与教师自

---

① 别敦荣、韦莉娜等：《高校教师教学发展中心运行状况调查研究》，《中国高教研究》2015年第3期。

② 王昕红：《20世纪80年代后我国大学教师发展政策研究》，《教师教育研究》2007年第1期。

③ 牛风蕊、沈红：《建国以来我国高校教师发展制度的变迁逻辑——基于历史制度主义的分析》，《中国高等教育》2015年第5期。

主从对立走向共融。①不少学者以个案研究的方法，介绍高等教育发达国家著名大学，如密西根大学、加州大学伯克利分校、名古屋大学、京都大学等高校教师发展制度，从机构设置、人员配置、职责定位到项目开发、组织管理、实施路径等进行研究，为我国高校教师发展提供借鉴。

钟秉林教授提出，大学教师发展是高等教育和高等学校事业发展的重要基础，是高校教师作为学术从业者的内在需求。做好大学教师发展工作，必须客观分析大学教师发展的需求与供给现状，厘清目前大学教师发展存在的主要矛盾和关键问题，并提出对策和建议。②

3. 关于高校教师发展模式和路径的研究

刘凤英以学习型组织理论为视角，研究高校教师培训与开发，设计了基于学习型组织，促进高校教师发展的培训与开发模型，并对模型的适应性、科学性和有效性在实践中进行验证；③ 有的学者从组织管理的角度提出大学教师发展的策略，④ 提出创建协作的学习环境，建立学习共同体，全面促进教师发展；⑤ 还有学者提出，高校教师发展的动力源自于学术人员的自我激励，学术发展的约束来自于学术道德，从而提出促进教师自我发展的学术管理策略。

鲍同梅在《教师自主：一种审视教师发展的视角》中提出，教师自主具有存在的内在价值和意义，这不仅因为全球化、信息化思潮的兴起，终生学习理念的推行向教师提出了转变角色、自主创新、职业技能更新的要求，更在于教师生命内蕴的主动性、自觉性与创造冲动，需要历经自在到自为的转换才能被唤醒和激发。⑥ 王春光在《反思型教师教育研

---

① 张德良：《国际视野下大学教师专业发展制度及对我国的启示》，《现代教育科学》2011年第3期。
② 钟秉林、刘丽：《我国大学教师发展的现状、困境及对策》，《国家教育行政学院学报》2012年第9期。
③ 刘凤英：《基于学习型组织理论的高校教师培训与开发体系研究》，博士学位论文，南京理工大学，2010年。
④ 宋永刚：《自我发展：高校学术人员管理的新视角》，博士学位论文，华东师范大学，2003年。
⑤ 罗郦、何萍：《学习共同体与大学教师发展》，《广东工业大学学报》2007年第1期。
⑥ 鲍同梅：《教师自主：一种审视教师发展的视角》，博士学位论文，华东师范大学，2008年。

究》中提出教师专业发展的三种取向：理智、实践—反思、生态；并认为，实现教师专业发展的最佳路径是实践—反思取向。[1]

行动研究是促进高校教师发展的有效途径。[2]张俊超博士基于对青年教师的现实生活的深入考察，提出营造一个符合学术职业发展内部逻辑的大学生态环境，是促进高校教师健康发展的根本途径。[3]

目前，我国高校教师发展的问题受到高等教育研究者、高校管理者与教师的广泛关注，机构逐步完善，人员快速发展，研究成果不断丰富。2012年，国家开始启动建设大学教师发展中心，以厦门大学、华中科技大学等为代表的30个国家级教师发展示范中心正式建立，带动了高校教师发展实践，也进一步激发了研究者的兴趣。在国家、高校、教师等层面，对高校教师发展的必要性和重要性已基本达成共识，但对于如何促进高校教师发展、高校教师发展的组织建设、制度建设、运行模式等问题还没有统一的认识。

2013年10月，以"变革中的高校教师发展"为主题的高校教师发展国际研讨会在中国海洋大学举行，会议提出："促进学生发展是教师发展的重要目标、学习技术和开放教育资源革新成为高校教师发展的新机遇、制度和机构建设是高校教师发展的重要基础、教师教学及其能力提升是当前我国高校教师发展的着力点"，参会专家、学者结合各自的研究与实践，设计了基于教师学习共同体的"学习—实践—发表"高校教师教学发展模式，通过问卷调查，提出教研型大学教师发展工作应在教学观念层面注重创设尊师重教的教学环境，提升教师的职业认同感，制定科学合理的教学发展培养体系，完善教师考评制度等。[4]

张俊超、刘献君教授认为，作为一种学术职业，高校教师发展有着自己的特殊性。他们通过对50名优秀高校教师成长历程的质性调查归纳出高校教师成长与发展的规律性特征，即初入职的三五年是最佳成长期，

---

[1] 王春光：《反思型教师教育研究》，博士学位论文，东北师范大学，2007年。
[2] 孙敬霞：《行动研究与高校管理》，《高等教育研究》2014年第9期。
[3] 张俊超：《大学场域的游离部落——大学青年教师发展现状及应对策略》，中国社会科学出版社2009年版。
[4] 宋文红：《变革中的高校教师发展——2013高校教师发展国际研讨会会议综述》，《中国大学教学》2014年第7期。

在发展中获得成长,在确立发展方向中进行规划,在模仿中进行创造,在教学与科研的良性互动中递进发展。高校教师发展项目应充分认识这些规律性特征,重视新教师入职教育,促成更多敏捷的起跑者,引导不同群体找准各自的关键突破口,让师生在教学与科研的良性互动中共同发展,用整体性发展观促进教师的全面发展与和谐成长。①

随着研究的不断深入,有学者对高校教师在不同发展阶段需求的差异进行研究,提出处于不同生涯阶段的大学教师所表现出的需求不尽相同,其演变轨迹是:教学发展需求—专业发展需求—个人发展需求—组织发展需求。②

三 关于工科类地方本科高校教师发展

著名的水利水电工程专家和工程教育家张光斗院士在1983年就提出,工程教育要面向经济建设。③ 1995年,美国国家工程院院士诺曼·R.奥古斯汀(Norman R. Hugustine)撰写的《工程教育》和美国西北大学工业工程及管理科学教授唐纳德·N.弗雷伊(Dnonald N. Frey)教授发表的《变革之风——正在开始的工程教育改革是需要的》两篇文章在美国国家工程院院刊发表,引起了美国工程教育改革之风。通过20多年的实践,美国工科大学实用主义理念已经确立,工科教育注重理论联系实际,加强工程技术训练,以达到培养社会发展需要的工程技术人才的目标,并提出工程能力不仅包括工程实践能力,还包括工程设计能力、工程创新能力以及工程领导力。对大学工科教师也提出了更高要求,以适应人才培养的需要。我国关于工科高校教师发展的研究,成果还非常有限。以"工科教师发展"为篇名在知网上搜索,只搜索到专业论文8篇,以"工科教师"为篇名搜索到论文213篇。从论文发表时间来看,2010年后的研究文献较多,共133篇,占62.4%,2001—2010年的文献共51篇,1990—2000年的文献共23篇,1990年以前仅6篇。进一步查阅发现,关于工科教师的研究主要集中

---

① 张俊超、刘献君:《优秀高校教师成长与发展的规律性特征探究》,《高等教育研究》2014年第8期。

② 李颖:《大学教师发展需求的差异研究综述——基于不同职业生涯阶段的视角》,《集美大学学报》2015年第1期。

③ 张光斗:《工程教育要面向经济建设》,《高等工程教育研究》1983年第1期。

在工科教师培养、工程素质、实践能力发展等方面。

(一) 关于工科教师培养的研究

1992年,吴松元教授在《关于建立高等工科教师培养机构的设想》中提出"建立高等工科学校教师培养机构",即在国内重点大学设立高等师范学院,招收优秀的高中毕业生,通过特定的教学计划培养使之达到硕士研究生的水平,进行局部师范教育培养,使之专业技术水平提高的同时,具备良好的教师素质,然后进入工科类高校任教。[1] 丁三青、张阳在《三位一体的工科教师培养体系研究》中提出,工科教师培养要建立国家、高校、社会三位一体的培养体系,认为工科教师培养是"国家"的事业,要建立工科教师培养的国家机制,从政策上规范和引导我国工科高校教师培养的方向、程序和标准;高校是工科教师培养创新的原点和主要基地;社会机制为教师培养提供广阔的平台。[2] 毛成、李东升等学者在《基于组织承诺的工科教师培养》一文中对组织承诺对工科高校教师培养的作用进行了系统研究,认为高校的各级组织可着力从团队建设、发展目标、平台创设、激励机制和学科文化五个方面入手,提高工科教师的组织承诺水平。[3]

(二) 关于工科教师工程素质的研究

刘继荣等的《论工科教师的工程素质》[4]、王艳等的《工科高校青年教师教学能力的培养与提高》[5]、王永利等的《工科高校教师实践创新能力培养研究》[6]、鲁烨的《大学工科教师专业化策略探微——基于"卓越工程师教育培养计划"的视角》[7]等学术论文从不同的视角对工科教师应具备的工程素质,以及如何培养、提升问题进行了探讨。骆红山的《高校理工科

---

[1] 吴松元:《关于建立高等工科教师培养机构的设想》,《江苏高教》1992年第1期。
[2] 丁三青、张阳:《三位一体的工科教师培养体系研究》,《高等工程教育研究》2007年第6期。
[3] 毛成、李东升、李文军、朱明辉:《基于组织承诺的工科教师培养》,《高等工程教育研究》2010年第3期。
[4] 刘继荣、胡方茜、叶民:《论工科教师的工程素质》,《中国高教研究》1997年第6期。
[5] 王艳、支希哲、高行山、朱西平:《工科高校青年教师教学能力的培养与提高》,《西北工业大学学报》(社会科学版)2012年第1期。
[6] 王永利、龚方红:《工科高校教师实践创新能力培养研究》,《教育与职业》2011年第12期。
[7] 鲁烨:《大学工科教师专业化策略探微——基于"卓越工程师教育培养计划"的视角》,《扬州大学学报》(高教研究版)2012年第3期。

青年教师教学素质研究》① 提出，工科教师教学素质包括专业方面（专门素质）、教学方面（职业素质）和个性三个方面，并认为，提高高校理工科青年教师教学素养是一项系统工程，必须抓好岗前培训，开展校本教学研究，实行教学导师制，并继续做好职后培训等环节，包括组织理工科青年教师专题读书班或研讨班，加强理工科青年教师教学技能及文化知识培训，规定教师要开展教学研究，改善师生交流等一系列有效措施。

2014年，靳敏、张安富通过对363名工科教师进行问卷调查，提出工科教师在工程素质方面与卓越工程师培养要求存在差距，不同职称、学历、教龄的教师在工程素质发展水平、发展方式及工程实践投入程度等方面存在差异。他们提出，高校教师发展制度影响工科教师工程素质的提升和发展，要创新制度，为工科教师在工程素质和能力方面的提升确立方向，完善工程类教师管理制度，是"卓越工程师计划"背景下促进工科教师工程素质发展的基本策略。②

（三）关于工科教师实践能力的研究

工科教师的实践能力培养是我国学者与实践者关注的重点，特别是近年来我国"卓越工程师计划"的实施，进一步加强了学界对工科教师能力发展的研究。清华大学工程教育研究中心副主任林健教授提出，胜任卓越工程师培养工作的工科教师应同时满足大学教师和"准工程师"的双重标准，即不仅要具备其他科类高校教师应具备的基本素质，还必须要具备工程学科需要的专门素质，如基本的行业工程师素质等，并对"卓越工程师计划"实施情况进行评析。③ 余晓、宋明顺等提出，工程实践能力由工程操作能力、工程应用能力、工程设计能力、工程商务能力和工程沟通能力五个方面构成，高校教师工程实践能力培养与产业需求之间具有较高的契合程度。④

---

① 骆红山：《高校理工科青年教师教学素质研究》，博士学位论文，上海师范大学，2010年。
② 靳敏、张安富：《高校工科教师工程素质现状与发展研究》，《高等工程教育研究》2014年第6期。
③ 林健：《胜任卓越工程师培养的工科教师队伍建设》，《高等工程教育研究》2012年第1期；林健：《高校"卓越工程师教育培养计划"实施进展评析（2010—2012）》（上），《高等工程教育研究》2013年第4期。
④ 余晓、宋明顺、张月义：《产业视角的工程人才实践能力框架及其产学契合度研究》，《高等工程教育研究》2013年第5期。

关于地方本科高校教师发展的研究，成果很少，只搜到论文5篇，并且以研究地方高校青年教师发展为主，如郭丽君等通过问卷调查和访谈发现，地方高校青年教师对于专业发展和教学发展方面的需求较高，对个人发展的需求较低，对良好组织氛围和工作环境的需求较高；并提出地方高校青年教师的发展需求主要受青年教师个体经验和学校制度环境的影响和制约。①袁声莉等运用勒温场心理学等理论分析了影响地方高校教师科研发展的相关因素，提出个人的科研动机、投入时间、精力，以及创新能力是四大主要因素。创新能力不足是当前制约地方高校教师科研发展最突出的问题。学术氛围、科研政策、团队合作等是关键性的环境因素。②林健等提出建立定岗、聘任、考核、分配四位一体的地方高校教师职务聘任管理模式。③云鹏以河南省八所高校为例，调查地方高校教师工作满意度的影响因素，提出影响地方高校教师工作满意度的因素包含工作本身、工作环境、人际关系、薪酬待遇、外部状态、发展机会等，工作满意度在性别、年龄、学历、职称、教龄、学科等人口统计诸要素上存在显著差异。④佘远富对地方高校教师教学发展进行研究认为，夯实教学基层组织基础，依托教学团队建设、课程建设两个载体，完善教学内容、教师培养、教学评价三个体系，是促进地方高校教师教学发展的基本途径。⑤

关于工科类地方本科高校教师发展的研究，在知网上没有搜索到相关学术论文。但在刘志明、刘辰生主编的《高校人事管理工作研究与探索》⑥中收录了全国地方工科院校人事管理研究会第1次研讨会的论文约70篇，这些文章记录了全国地方工科院校人事管理工作者通过自己的工作所取得的经验和研究成果。

---

① 郭丽君、吴庆华：《地方高校青年教师发展需求探析》，《现代大学教育》2013年第5期。

② 袁声莉、李亚林、陈金波：《制约地方高校教师科研发展的影响因素分析——从人力资本等理论的视角》，《教育与经济》2010年第4期。

③ 林健、李焕荣：《地方高校教师职务聘任管理模式初探》，《黑龙江高教研究》2004年第2期。

④ 云鹏：《地方高校教师工作满意度影响因素研究——基于对河南省八所高校的调查》，《教育理论与实践》2010年第33期。

⑤ 佘远富：《地方高校青年教师教学能力的现状考察与对策思考》，《高等工程教育研究》2010年第5期。

⑥ 刘志明、刘辰生：《高校人事管理工作研究与探索》，天津人民出版社2001年版。

四 关于高校教师的胜任特征的研究

"管理科学之父"泰勒（Taylor）对科学管理的研究，被认为是关于胜任特征（competency）研究的开端，当时被称为"管理胜任特征运动"（Management Competencies Movement）[①]。1973年，哈佛大学教授麦克里兰（McClelland）发表了《测量胜任特征而不是智力》[②]一文，此后，在心理学、教育与行为学、领导与管理科学等领域，对胜任特征的理论和实证研究取得了丰富的研究成果，在管理实践活动中显示出重要的应用价值。

胜任特征在国内有时也被翻译为"胜任力"，有助于区分一定职位上优秀与平凡人员的素质和能力。一般分为五个层次，由低至高依次为：动机、特质、自我概念、社会角色、知识和技能。胜任特征模型（competency model）是能有效地完成特定职位工作所需要的知识、技能和特征的独特结合。目前，关于胜任特征模型主要有冰山模型（见图1—3）。

图1—3 冰山模型

[①] 转引自仲理峰、时勘《家族企业高层管理者胜任特征模型》，《心理学报》2004年第1期。

[②] McClelland, D. C., "Testing for Competence Rather than for Intelligence", *American Psychologist*, 1973, Vol. 28, pp. 1–14.

研究者认为,冰山下的部分是潜在的素质特征,从上到下的深度不同,表示被挖掘与感知的难易程度不同。冰面上的部分是表象部分,即人的知识与技能,容易被感知,也易于评价和提高;冰面下的部分为隐形特征,向下越深越不容易被挖掘与感知,也更难评价、培养和提升(见图1—4)。

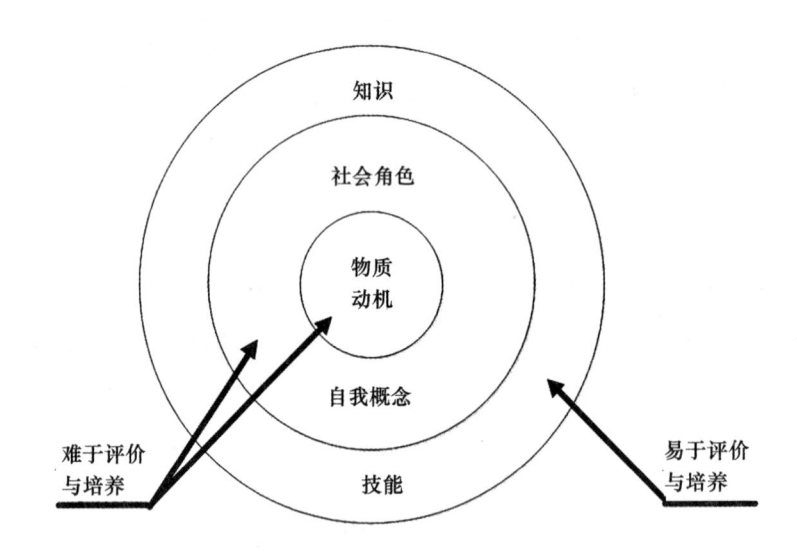

图1—4 胜任特征被挖掘和发展的难易程度

关于胜任特征的研究已有许多的成果,这些成果促进了人力资源开发与管理。美国高校将胜任特征模型引入高等教育领域已有40余年的历史,建立了大学领导人胜任特征模型和大学专业技术人员胜任特征模型[1],2004年美国学者Dineke等构建了高校教师教学胜任特征模型[2],Vander Rijst提出大学教师科学研究胜任特征模型[3]等。

我国教育领域,关于胜任特征的研究开始于20世纪60年代,80年

---

[1] Smith, D. M., "Higher Education Leadership Competency Model: Serving Colleges and Universities during an Era of Change", *CUPA. HR Journal*, 2003, Vol. 54, No. 1, pp. 12 – 16.

[2] Dineke E. H., Tigelear, "The Development and Validation of a Frame Work for Teaching Competencies in Higher Education", *Higher Education*, 2004, Vol. 21, No. 2, pp. 51 – 57.

[3] 牛端:《高校教师胜任特征模型研究》,中山大学出版社2009年版。

代后期到 90 年代进入发展时期。我国教师胜任特征的研究成果多集中于中小学教师，如顾海根通过对 700 多名中学优秀教师的调查，提出理想教师最重要的人格特征包括：敬业精神、自信心、创新精神、进取心、爱心、公正、耐心、成就感、乐观、幽默。[①] 吴永光、黄希庭通过对 1000 余名中学师生调查、访谈，提出当代中学生喜欢的教师特征等。[②] 近年来，我国高等教育领域的学者与实践者对高校教师、管理者的胜任特征研究更加关注，如魏士强构建了我国高校领导者胜任特征模型，[③] 为大学校长的遴选、培养提供了依据。对于高校教师胜任特征的研究成果也不断涌现，归纳起来主要集中在以下方面：一是关于高校教师胜任特征模型的研究，如王昱、牛端、刘治宏的研究等。王昱等通过行为事件访谈、问卷调查等方法，提出高校教师胜任特征包括七个结构维度，即创新能力、获取信息的能力、人际理解力、责任心、思维能力、关系建立和成就导向。[④]牛端等通过对 405 位高校教师的工作价值观、工作风格、工作技能等进行调查分析，提出基本认知技能、复杂问题解决技能和社会技能是高校教师重要的工作技能；独立性、责任心、成就导向及创新是重要的工作风格；工作条件、独立性、关系是重要的工作价值观。[⑤]他还认为高校教师重要的胜任特征包括认知技能、责任心、独立性、成就导向、创新导向、工作绩效[⑥]等，最后他归纳提出，高校教师胜任特征模型包括八项内容，即创新、批判性思维、教学策略、专注、社会服务意识、逻辑分析能力、成就欲和尊重他人。[⑦]对于教学型高校教师，刘治宏通过对工作岗位特点分析，构建了教学型高校教师胜任特征模型，包括人格特

[①] 顾海根：《师范生心理素质的研究与实践总结》，载朱小蔓、彭聃龄《高等师范教育面向 21 世纪教学内容和课程体系改革成果丛书（二）·素质教育分卷》，北京师范大学出版社 2002 年版。

[②] 吴永光、黄希庭：《当代中学生喜爱的教师人格特征研究》，《教育研究与实验》2003 年第 4 期。

[③] 魏士强：《我国高校领导者胜任特征模型研究》，《管理世界》2010 年第 6 期。

[④] 王昱、戴良铁、熊科：《高校教师胜任特征的结构维度》，《高教探索》2006 年第 4 期。

[⑤] 牛端：《高校教师胜任特征模型研究》，中山大学出版社 2009 年版。

[⑥] 牛端、张敏强：《高校教师胜任特征：O*NET 工作分析研究》，《教师教育研究》2008 年第 6 期。

[⑦] 牛端、张敏强：《高校教师胜任特征模型的构建与验证》，《心理科学》2012 年第 5 期。

征、性格特征、心理健康、通用能力和专业能力五个因素，26 项指标。他认为属于人格特征、性格特征和心理健康因素的 14 项胜任指标描述了内在型胜任特征，属于通用能力、专业能力因素的 12 项胜任指标描述了外在型胜任特征；并指出，教师胜任特征模型应用于教师遴选和评价可以提升教师素质，提高教师胜任力。在应用中应注意，内在型胜任特征难以觉察和量化，体现一个人的内在品质，是决定一个人行为的关键因素，并且很难通过后天的培训提高和改变。因此在教师遴选聘用时，应给予这些内在型的胜任特征更多的关注和重视，选择符合社会主义核心价值观、高等教育人才培养理念、各高校岗位要求的教师。外在型胜任特征体现教师个体完成具体岗位工作的能力，[①]具有易获得、发现和挖掘的特点，可以通过后天的学习、培训进行提升和发展。二是关于高校教师胜任特征影响因素的研究，如罗小兰、林崇德等提出工作情境下的教师人格特质对教师胜任力的影响更为直接和重要，教师胜任力的发挥很大程度上取决于工作情境，要营造学习型组织氛围，完善教师的人格特质，充分发挥教师的胜任特征。[②] 三是关于大学教师胜任评价的研究，如吴树雄等提出教师胜任力评价应构建科学的模型，体现既定的导向，[③] 崔斌提出建立基于胜任力的高校教师绩效评估体系，激发教师的工作积极性[④]等。

从以上研究可以看出，高校教师胜任特征的研究近年来已被广泛关注，应用于高校教师甄选、评价、培养等各个方面，但也存在一些不足，如对高校教师胜任要素的提取多基于教师及管理人员对绩效的评价，而缺乏基于"以学生为中心"的视角等。

五 文献评述及研究意义

综上所述，国内外学者在高校教师发展领域的研究已取得可喜成果，

---

① 刘治宏：《教学型高校教师胜任特征模型应用的建议与对策》，《黑龙江高教研究》2011 年第 8 期。
② 罗小兰、林崇德：《基于工作情境下的教师胜任力影响因素》，《中国教育学刊》2010 年第 2 期。
③ 吴树雄：《高校教师胜任力：评价模型与指标体系》，《中国成人教育》2009 年第 13 期。
④ 崔斌：《基于胜任力的高校教师绩效评估研究与实证》，硕士学位论文，山东师范大学，2009 年。

不仅为本书的研究提供了丰富而多元的资料，也为研究的完成提供了必要前提，是本书得以完成的重要保证。从国内外文献看，主要呈现出以下特点：

第一，国外的相关研究已形成一定的理论和模式，对教师发展的内涵、目标具有全面、深刻的理解，对我国高校教师发展具有一定的借鉴意义。同时，高校教师发展的内涵受社会发展、高等教育变革的影响而不断改变，一些研究开发出一系列促进教师发展的项目。我国对高校教师发展的理解还不全面，虽然近几年引入"高校教师发展"的概念，但实质性的研究并不多，关于高校教师发展的实质性项目实施少，对教师发展的理解甚至仍停留在"培训"层面。

第二，美国关于高校教师发展的理论来源于实践，而我国对教师发展的认识从"引进"开始，从文献成果看，我国的研究介绍国外成果和经验较多，本土性的实证研究较少。我国关于高校教师发展的研究起步较晚，介绍高等教育发达国家的研究成果和经验，对我国研究本土化的高校教师发展具有很好的指导与借鉴意义，但高校教师发展的内涵，在不同国家和地区的不同发展时期，会因社会需要的变化而不同。我国高校教师的发展，特别是不同学科、不同类型高校的教师发展，在目前高等教育的变革时期，其发展内涵、方式、途径都会有所不同，正如美国高校教师发展更多的是针对具体的院校类型、教师类型和学科特点进行教师发展计划的设计与评估，如邢俊的《美国大学促进教师教学发展的举措探析——杨百翰大学的个案研究》[1]、蒋盛楠的《美国威斯康星大学教师发展的有效途径——课例研究》[2]描述的，具有较强的现实性与操作性。而我国关于大学教师发展的具体研究，特别是针对具体的院校类型、教师类型和学科特点进行的深入、系统的教师发展实证研究屈指可数。国外经验的介绍，更多的是一种观念上的冲击，主要是把国外的先进经验告诉国内的研究者，而并没有考虑我国高等教育的现实，并没有与我国高校

---

[1] 邢俊：《美国大学促进教师教学发展的举措探析——杨百翰大学的个案研究》，《重庆高教研究》2014年第5期。

[2] 蒋盛楠：《美国威斯康星大学教师发展的有效途径——课例研究》，《外国教育研究》2012年第10期。

的教师发展实际相结合。理论与实践相结合的系统研究缺失。

第三，关于工科类地方本科高校的实证研究少。近年，虽有一些研究成果提出了高校教师发展的途径和策略，对指导我国高校教师发展实践具有一定的指导意义，但研究多对高校教师整体从宏观层面进行分析，少数对高校教师某一群体的具体研究，也主要针对研究型大学。真正关于不同类型、不同学科、系统化、操作程度高的高校教师发展研究少，关于工科类地方本科高校的实证研究更少。

目前，关于高校教师发展问题的研究已进入深水区，对不同类型的高校、不同的学科专业的教师群体在发展目标、内容、模式、方法、途径等方面进行具体的、针对性的研究，才能真正了解不同教师的个体需求，为促进教师全面发展做出积极贡献。

第四，关于工科类高校教师胜任特征的研究缺乏。胜任特征是区分高绩效与低绩效教师的关键指标，我国对高校教师胜任特征的研究起步较晚，近年来研究成果虽不断涌现，但也存在一些不足，如前面提到的对高校教师胜任要素的提取多基于教师及管理人员对绩效的评价，而缺乏"以学生为中心"的视角。对相关文献进行梳理还发现，在高校教师发展方面，关于不同类型的高校，如研究型大学、应用技术型大学等高校教师胜任特征模型的成果比较多，关于不同学科类型高校，如工科类、财经类、医学类等高校教师的研究成果极少，基于胜任特征的高校教师发展研究需更加深入。

因此，我国高校教师发展研究仍是一个迫切需要深入的课题，特别是在我国建设工业化、创新型国家的进程中，在高等教育变革的关键时期，加强"应用技术型大学"建设，促进工科类高校教师发展，培养适应区域经济社会发展需求的高级应用型人才，研究工科类地方本科高校教师发展具有特别的实践价值。

第三节　核心概念及研究问题

一　核心概念解析

清晰的概念是研究问题的基础，只有概念清晰，才能进行准确的分析和提出问题，找到适切的理论研究问题，设计有针对性的研究框架和方法，得出科学的研究结论。本书涉及的重要概念主要有以下几点。

(一) 工科类地方本科高校

关于高等学校类型的划分，在高等教育结构与体系研究中，是一个世界性的难题，又是一个高等学校定位与发展不能不解决的问题。[1] 根据不同的分类标准，高等学校可以分为不同的类型。联合国教科文组织将高等教育称为"第三级教育"，即中学后教育。分类编号以"5"和"6"开头。大专、本科和硕士研究生教育以"5"开头编号，"6"开头专指博士研究生教育。其中"5"开头又分为"5A"和"5B"两类，"5A"指重理论型大学，"5B"则指重实用性、技术性，适应具体职业教育的大学。"5A"类型又分为"5A1"和"5A2"，"5A1"是指按学科分类的、学生学习完后大多进入博士阶段深造的大学；"5A2"是指主要按行业分类，培养科技工作者的应用型大学或专门学院。"5A1"类型很少，"5A2"较多。欧洲沿袭的传统分类方式为大学、专科学院和应用性高等专科学校。大学研究综合性的高深学问，以文理学科为重点；专科学院则对应于专门行业，如农学院、机械学院等；应用性高等专科学校则以知识应用为培养目标，培养应用技能型人才。在我国，高校按办学体制、隶属关系、办学水平、学位授予层次以及大学排名等不同的标准也有不同的分类。我国高校按照行政隶属关系，可分为教育部直属高校、中央其他部门所属高校、省（区、市）所属高校以及行业所属高校等；按办学体制划分，可分为公办高校和民办高校（含新体制独立学院）；近年来，根据国家重点建设支持计划，又提出"985工程"大学、"211工程"大学等国家重点建设大学和一般大学。潘懋元先生依据联合国分类标准，将我国高等学校分为综合研究型大学、多科性或单科性应用型大学或学院、多科性或单科性职业技术学院[2]三种基本类型。武书连教授按科研规模，将我国高校分为研究型、研究教学型、教学研究型、

---

[1] 潘懋元：《潘懋元文集》（卷3下），广东高等教育出版社2010年版。
[2] 潘懋元、陈厚丰：《高等教育分类的方法论问题》，《高等教育研究》2006年第3期。

教学型四类①。刘献君教授提出"教学服务型高校"② 等类型。

结合我国高等教育管理体制，本书提出的工科类地方本科高校，特指在中华人民共和国成立初期，为满足当时国家建设对工科技术人才的需要，按产业部门、行业进行设立的，在21世纪初由于高等教育改革而划归地方政府管理（或地方政府与行业主管部门共建）的公办高校，学校定位为面向地方、面向行业、面向企业培养应用型人才的大学或学院。这些高校具有浓厚的行业色彩，以工科为主要学科（专业），人文学科较弱，特别是缺失哲学、社会学、教育学、心理学等学科，教师发展、管理制度和校园文化具有一定的特殊性。本书将以作者熟悉的、具有一定代表性的ZY大学为案例进行深入研究。

（二）高校教师发展

《中华人民共和国职业分类大典》（2006年版）定义教师属于"专业技术人员"，即"教师为从事各级各类教育教学工作的专业人员"。根据教师从事教育级别的划分标准，高校教师是指在高等院校中从事教育教学的教师。本书中的高校教师指在高校中担任教学及研究工作的专任教师，不包括各级行政管理人员和后勤服务人员。

高校教师发展在不同的时期、不同的国家具有不同的内涵。借鉴国内外学者的研究成果，本书认为，高校教师发展是一项实践性很强的复杂概念，指高校教师个体由于个人的努力和学校环境的影响所发生的总体变化，以及促进这种变化的实践过程。从内容上看，包括教学发展、专业发展、组织发展和个人发展四个方面；从过程上看，包括理念、目标、方法、实施等方面。

教学发展是指改进课程设计、教学内容、方法和技能，以及对学生的评价，是教师作为"教员"的发展，根据工科类地方本科高校人才培养特色，其教学要求更加突出对学生实践及动手能力的培养，因此其教学发展有固有的特性——实践教学发展；专业发展包括提高专业技能、科学研究能力，以及解决实际工程问题的能力等，是教师作为"专家和学者"的发展；组织发展是指改善教育教学环境，为教师教学和学生学习营造良好的组织氛围，是组织环境的发展；个人发展是指与教育教学

---

① 武书连：《再探大学分类》，《中国高等教育评估》2002年第4期。
② 刘献君：《建设教学服务型大学——兼论高等学校分类》，《教育研究》2007年第7期。

相关的个人态度、价值观,沟通合作能力等的发展,是教师作为"人"的发展。高校教师发展的四个方面相互联系,相互影响。其中教学发展是核心(见图1—5)。

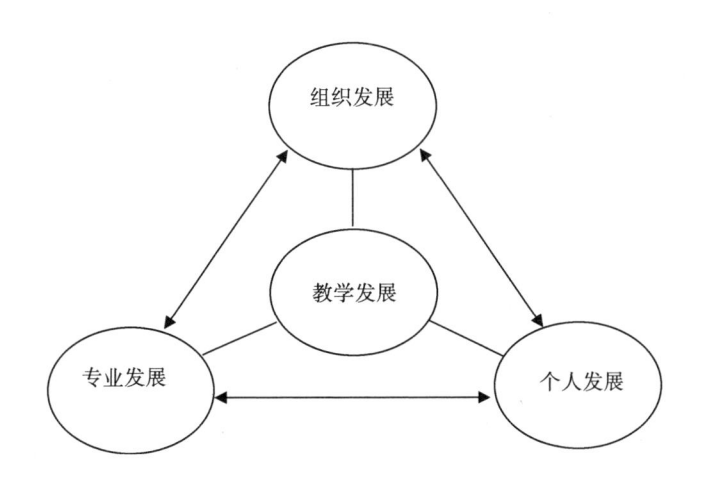

图1—5 高校教师发展概念

高校教师发展实践,理念是指南,在科学的理念指导下,教师发展目标要从教师的理想、兴趣出发,依据不同的职业生涯发展阶段特点,从教学发展、专业发展、组织发展和个人发展四个方面设定具体的发展目标和发展内容;项目开发要结合目标和内容,有针对性地开发和实施;组织保障是指保障高校教师发展各项工作顺利实施的基本条件,包括促进高校教师发展顺利开展的机构、人员、制度和经费等。

本书的研究对象工科类地方本科高校教师发展问题,是研究此类高校所有的教师发展问题,而不是地方高校的工科教师发展问题。工科类地方本科高校教师,与综合性大学、师范院校的教师发展相比,根据人才培养定位、服务面向、发展目标的不同,应更注重教师的实践能力,特别是工程操作和工程应用能力,而综合性大学更注重教师的研究和创新能力,以及工程设计和工程创新能力;师范类院校,对教师的实践能力要求较低,以培养提升教师的教学能力为主导。

(三)高校教师胜任特征

高校教师胜任特征是指能区分优秀教师和一般教师的个体特征,包括教师的价值观、人格、性格、心理、知识、技能、行为等具体特征指标。其中，价值观、人格、性格、心理特征属于冰山下的隐性特征，不易改变，但是教师甄选的关键因素；知识、技能、行为是冰山上的显性特征，易于表征和量化，是可以通过后天的学习、培训改进和完善的，对教师的考评绩效影响显著。

二 研究问题聚焦

本书选择我国高校的中坚层次——工科类地方本科高校的教师为研究对象。工科类地方本科高校在我国经济社会转型时期主要承担地方经济发展所需要的应用技术型人才的培养任务，其教师发展问题在当前"以学生为中心"、"应用技术型大学"改革的关键时期显得尤为重要。本书以作者熟悉的、具有一定代表性的河南地区某工科类地方本科高校——ZY大学为案例开展深入研究。

研究的核心问题聚焦为：我国工科类地方本科高校教师发展现状如何？工科类地方本科高校教师应具备哪些胜任特征？如何更好地提升高校教师的胜任特征，促进工科类地方本科高校教师发展？包含的子问题有：

1. 工科类地方本科高校教师发展内涵。
2. 目前我国工科类地方本科高校教师发展的现状如何，存在哪些问题？
3. 工科类地方本科高校教师应具备哪些特性和胜任特征？
4. 工科类地方本科高校教师发展应该达到怎样的目标？包括哪些内容、应选择怎样的发展模式和路径？应该构建怎样的保障系统？

第四节 研究思路与方法

一 研究思路

本书将从研究者实际工作中发现的问题着手，在研究梳理文献、求证问题的基础上，秉承"以人为本"的教师发展理念，通过问卷调查、访谈、统计分析等，提出工科类地方本科高校教师发展中存在的问题，并分析出现问题的深层次原因，同时研究高等教育发达国家教师发展工作实践，借鉴高等教育发达国家经验，建立工科类地方高校教师胜任特征模型，依据胜任特征模型提出工科类地方本科高校教师发展理念、目标和内容，探求工科类地方本科高校教师发展模式、实现途径、组织保障等。

本书依据发现问题—分析原因—借鉴先进经验—提出解决方案的技术路线进行研究设计，主要包括以下几个步骤：

1. 求证问题、收集数据、数据分析并提出问题、分析原因；
2. 研究发达国家高校教师发展经验及借鉴、启示；
3. 构建工科类地方本科高校教师胜任特征模型；
4. 探索工科类地方本科高校教师发展策略，包括理念、内容、模式及路径选择、组织保障等。

本书基本框架如图1—6。

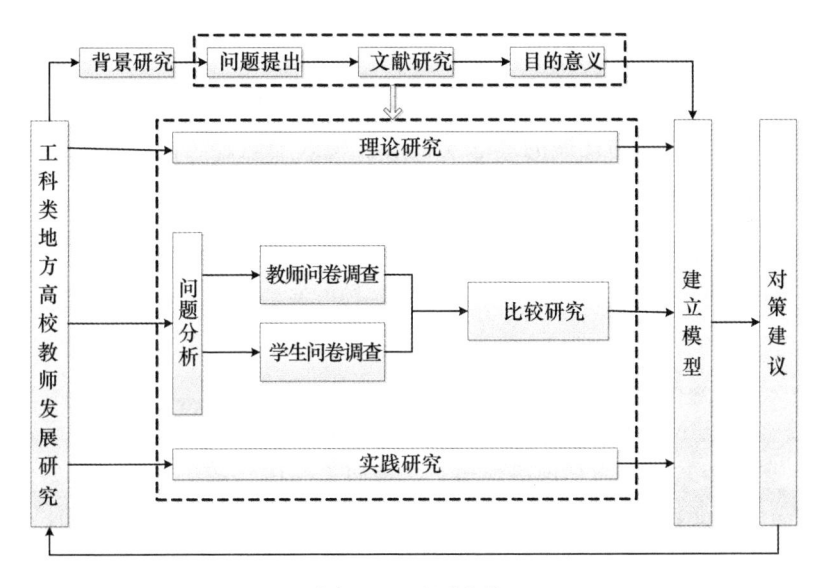

图1—6 研究框架

在研究开始，为保证所研究问题是真问题，具有普遍性，结合自己的工作经验，在与本校同事、领导及教师交流、沟通后，形成关于教师发展工作的核心问题，并就这些问题与河南省同类高校相关工作人员交流、探讨，以求证所研究问题是否是真问题。

本书基本内容包括：

第一章为导论。阐述选题背景，通过文献梳理，提出选题的意义，对研究对象及问题进行界定，对研究思路与方法进行简要介绍。

第二章为基础理论概述，以全视角学习理论为主线，借助职业生涯管理理论以及学习型组织理论等，对工科类地方本科高校教师发展的动机、内容和环境进行理论分析。

第三章通过问卷调查、访谈等，研究目前我国工科类地方本科高校教师发展现状，找出存在的问题并分析原因。

第四章介绍高等教育发达国家高校教师发展实践经验，主要研究美国、日本和德国高校教师发展实践，提出对我国地方高校教师发展的启示和借鉴。

第五章在高校职能分析、问卷调查、老师访谈的基础上，构建工科类地方本科高校教师胜任特征模型，并进行检验。

第六章以工科类地方本科高校教师胜任特征模型为基础，借鉴国外高校教师发展经验和教师发展理论，提出工科类地方本科高校教师发展的对策，从高校教师发展的理念与内容、模式与路径，以及组织保障等方面进行研究。

第七章为结语。对研究进行总结，并提出研究的创新点及需要进一步研究的问题。

二 研究方法

一个完整的研究设计至少应包含理论视角、方法论和具体的研究方法。[①] 本书秉承建构主义理论视角，定量研究与定性研究相结合，实证研究与理论分析相结合，采用文献研究、实证研究和比较研究等具体研究方法。

（一）文献研究

文献研究即根据研究的目的，通过收集、查阅和分析相关的文献资料，得出研究结论的一种研究方法。本书通过梳理相关文献，对国内外

---

① Crotty, M., *The Foundations of Social Research: Meaning and Perspective in the Research Process*, London: Sage, 1998.

高校教师发展研究成果以及政策法规、制度等，进行分析、比较和综合，澄清高校教师发展的相关概念、梳理适合高校教师发展的理论，分析高校教师发展的历史与变革，并对研究中存在的问题进行分析和梳理。

（二）实证研究

在分析工科类地方本科高校教师发展存在的问题，以及构建胜任特征模型的过程中，本书具体采用实证研究的方法，主要包括问卷调查和实地访谈。通过对案例高校的教师、学生进行问卷调查，了解当前大学教师发展的现状，学生对教师的教学期待，并通过对"学生喜欢的好老师"进行深度访谈（In-depth interview）——一种直接的、无结构的、一对一的访谈形式，用以揭示访谈对象对某一问题的潜在动机、态度和情感，补充问卷调查收集材料的不足，对一些问卷调查反映的问题进行解释和补充，为构建工科类地方本科高校教师胜任特征模型提供第一手资料。

（三）比较研究

有比较才有鉴别。学术研究的历史就是学者们持续研究、比较借鉴、不断超越、更新完善的历史。他山之石可以攻玉。不管是科学研究，或是管理实践，学习、探讨发达国家和地区的先进经验是管理者和实践者常用的方法。本研究也不例外。本书通过对高等教育发达国家美国、德国、日本的高校教师发展进行研究，并对它们的高校教师发展举措和经验进行分析比较、总结经验，借鉴其中合理、可行的方面，以期为我国工科类地方本科高校教师发展提出可行的策略和建议。

第 二 章

基础理论概述

高校教师发展具有很强的实践性，进行有效的教师发展活动，需要基础理论的指导。美国学者威尔波特·J.麦基奇尼认为，高校教师发展的理论具有以下三大作用：第一，将复杂的教育教学活动抽象、简化；第二，可以对教育教学活动进行分析、诊断和指导；第三，理论具有启发性，可以为教师发展的策略、方法、途径等提供基础。[1]

教师发展的实质是教师学习提高的过程。建构主义理论认为，个体的学习是在一定的历史、社会环境下进行的，个体的主动性在建构认知结构过程中具有关键性的作用，社会可以为个体的学习发展起到重要的支持和促进作用。教师发展工作者的首要任务是为教师提供帮助，提供能使教师改善、提升教学技能、交往能力、专业素养的培训活动，并提高教师的主动参与度。因此，有关的学习理论、学习型组织理论以及职业生涯管理理论对研究工科类地方本科高校教师发展具有重要的指导意义。

第一节 全视角学习理论

学习促进发展。要促进教师发展，就要激励教师不断学习，培养教

---

[1] 转引自徐延宇《高校教师发展——基于美国高等教育的经验》，教育科学出版社2009年版。

师的学习动力。教师发展,换句话来说,就是促进教师学习,提高教师学习效果的过程。丹麦教育大学教授克努兹·伊列雷斯(Knud Illeris)博士,在对心理学、社会学、教育学、脑科学等领域的有关学习理论及其发展脉络进行系统性梳理、研究的基础上,结合自己对学习的独特思考,构建了"全视角学习理论",提出学习的"两个过程"和"三个维度"的基本理论框架。克努兹博士认为,学习包括互动和获得两个不同的过程,这两个过程必须是活跃的,才能学习到知识。大多数情况下,这两个过程是同时发生的,因此不会让人体验为独立的两个过程。学习的基本过程如图2—1所示。

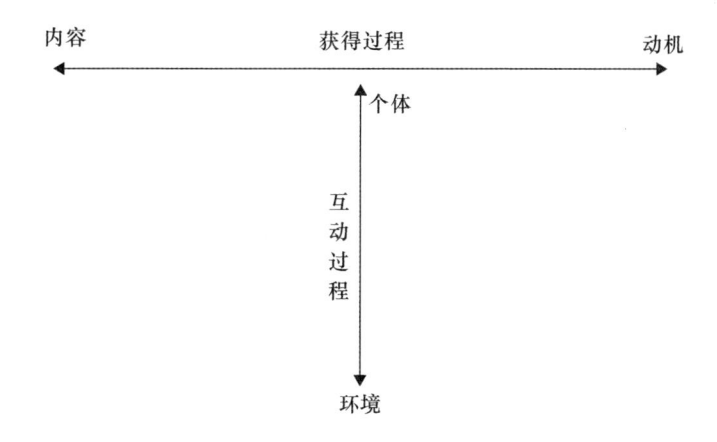

图2—1 学习的基本过程

学习是一个多维互动的过程,如个体与环境之间的互动、个体内部心智获得与加工过程的互动等。从学习的基本过程图来看,学习过程呈现出一个三角形领域,克努兹博士对三个角进行定义和补充,即为学习的"三个维度",即内容、动机和互动维度,前两者与个体的获得过程相关,后者与个体和环境间的互动过程相关。他提出,学习总是发生在一个外部的社会情境之中,内容维度关注的是学习的知识、理解和技能;动机维度关注的是动力、情绪和意志;互动维度关注的是活动、对话和合作。

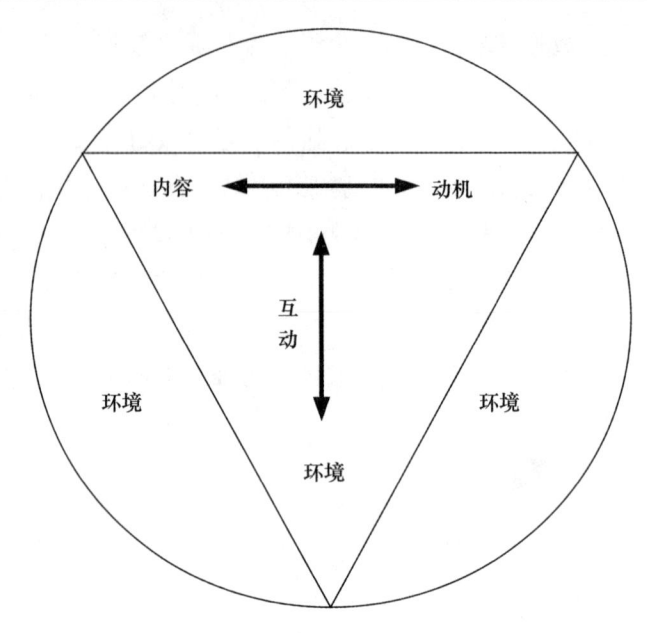

图 2—2　学习的两个过程和三个维度

资料来源：克努兹·伊列雷斯：《我们如何学习——全视角学习理论》，孙玫璐译，教育科学出版社 2010 年版。

学习是在情境中发生的，并不是一个基本的学习三角形，而是一个复杂的互动过程，特别是成人学习。克努兹博士认为，成人学习追逐的是自己的生活目标[①]，成人学习者具有以下特点：

1. 学习目标明确，成人具有独立的自我概念，并能指导自我学习的行为，他们学习自己想要学的东西，或者对他们来说有意义的东西。

2. 成人已积累了丰富的经验，在学习中利用他们早已拥有的资源，并对自己的学习负责，不愿意投入到那些他们不能看到意义或不感兴趣的学习中去。

3. 成人在自己希望的程度上对他们的学习负责任（如果他们被允许这样做的话）。

[①] 转引自徐延宇《高校教师发展——基于美国高等教育的经验》，教育科学出版社 2009 年版。

4. 成人的学习需求与变化的社会角色密切相关，以问题为中心，对能立即应用的知识感兴趣。学习动机更多来源于内部而非外部。

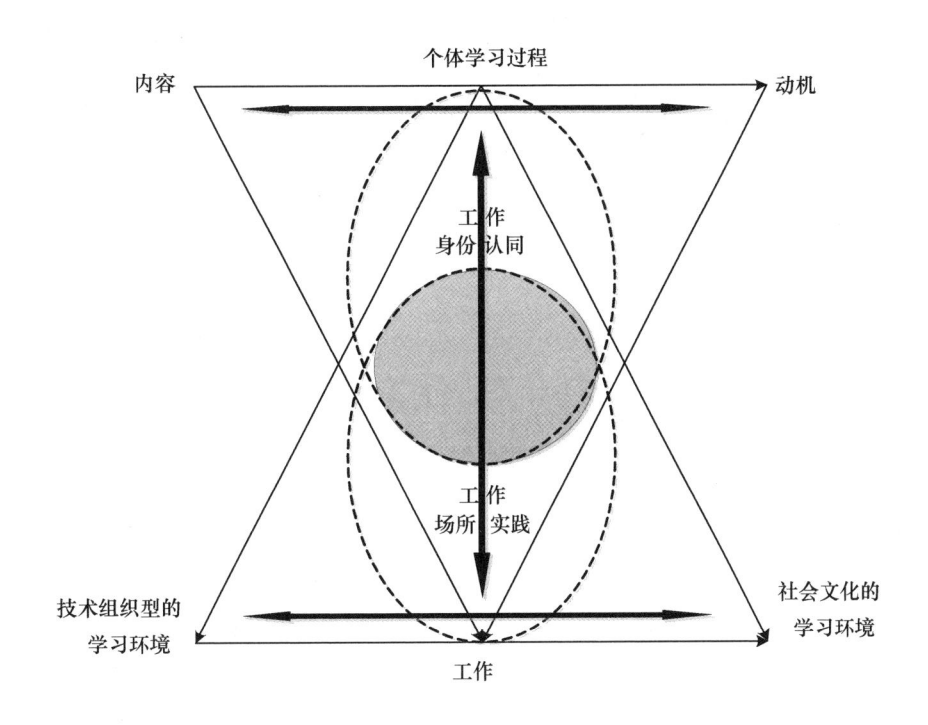

图 2—3 工作生活中学习的整体模型

资料来源：[丹]克努兹、伊列雷斯：《我们如何学习——全视角学习理论》，孙玫璐译，教育科学出版社2010年版。

因此，成人学习，更强调学习者的经验、身份认同感、独立的自我概念、目的明确、参与者授权等特点。身份认同是学习动机的原点，特别是职业认同对职业道德的培养尤为重要，高度的身份认同和职业荣誉感能更好地激发成人学习的内需力。

对于一个组织来讲，职员的学习对组织发展起到至关重要的作用，如工作生活中学习的整体模型（见图2—3）所示，个体的学习不仅与工作环境、工作身份认同密切相关，还与社会文化环境相关。在整体模型的底部，在工作场所的学习聚焦于学习的环境，即与彼得·圣吉提出的"学习型组织"理念相一致，构建一个学习导向的环境能有效地提升学习效果。

第二节 学习型组织理论

学习型组织最初的构想源于20世纪50年代早期,世界第一部通用电脑研发小组领导者、美国MIT的佛瑞斯特教授,其学生彼得·圣吉一直致力于研究以系统动力学为基础的理想组织,通过对数千家企业进行案例研究和分析,于1990年提出"学习型组织"的概念,成为学习型组织理论的奠基人。彼得·圣吉指出,系统思考是现代企业所欠缺的能力。因为缺乏系统思考,许多组织无法有效学习和发展。

随后,彼得·圣吉接连出版了《第五项修炼·实践篇》《变革之舞》等系列论著,描述了完整的学习型组织修炼的过程,标志着学习型组织理论框架的基本形成。

彼得·圣吉认为,现代企业要力求精简、扁平化,不断自我再造和发展,建立具有高弹性、终生学习的企业文化,才能适应世界环境的剧烈变化,维持其竞争力。在学习型组织中,团队是最基本的学习单位,组织的所有目标都是直接或间接地通过团体的努力来达到的;善于不断学习是学习型组织的本质特征,组织强调"终身学习、全员学习、全过程学习、团体学习"的理念,营造学习氛围。学习型组织包括自我超越、改善心智模式、建立共同愿景、团队学习、系统思考五项要素。[1]

第一,自我超越(Personal Mastery)是个体学习、发展的原动力。只有个人有意愿投入工作,专心研究,将个人事业发展与企业(组织)发展相融合,或者说将个人事业融入组织事业发展之中,个人愿望才能与组织愿景之间产生"创造性的张力",相互支撑,以达到自我超越,共同发展。

第二,改善心智模式(Improve Mental Models)是个体学习、自我超越,团队系统思考、共同实现愿景的基础。组织发展的障碍多来自于个人的旧思维,例如本位主义、经验主义、固执己见等,只有通过个体互相学习、团队学习、标杆示范等,才能逐步改变心智模式,有所发展和创新。

---

[1] [美]彼得·圣吉:《第五项修炼——学习型组织的艺术与实践》,张成林译,中信出版社2009年版。

第三，建立共同愿景（Building Shared Vision）。愿景可以凝聚人心，聚集组织上下的意志力，使组织成员达成共识，努力朝着实现愿景的方向发展。为了个人和组织愿景的实现，组织的每个成员都乐于奉献，为组织目标，也为个人目标的实现而奋斗。

第四，团队学习（Team Learning）是学习型组织的本质特征。组织的个体都有其优点、特长，也有其弱点和不足，而通过团队学习，可以优势互补，扬长避短，使团队智慧大于个人智慧，做出正确的组织决策；同时，通过集体思考和分析，可以找出个人弱点，强化团队向心力。

组织学习的基础是团队学习。在知识经济时代，团队是现代组织中学习的基本单位。团队学习依靠的是深度会谈，而不是辩论、讨论。许多组织进行组织现状、前景的辩论和讨论，缺乏深度的团队会谈。深度会谈要求团队的所有成员，摊出心中的假设，进行心与心的交流，激发一起思考的能力。共同思考是深度会谈的目的，通过共同思考，得出比个人思考更准确、更具现实性和操作性的结论；而辩论是每个人都试图用自己的观点说服别人同意的过程。团队学习是心灵的正向转换，不仅能够达到更高的组织绩效，更能够增强组织的生命力。

第五，系统思考（System Thinking）是学习型组织的核心。一个学习型组织除营造学习氛围，促使组织成员自我超越、改变心智模式、建立共同愿景、组建学习团队外，最重要的就是要能通过资讯搜集、团队学习，把握全局，看清问题的本质，分析问题根源，培养综观全局的思考能力，系统解决问题，促进组织及个人可持续发展。

学习型组织的精神在于学习、思考和创新，建立"组织系统思维能力"是学习型组织的核心。学习是全员学习、团队学习，思考是非线性的系统思考，创新是观念、制度、方法及管理等多层面的更新。

系统思考是学习型组织的关键特征。只有从系统的角度，认识组织内外部环境，认识整个组织系统，才能避免陷入系统动力的旋涡。

学习型组织理论具有非常丰富的内涵，在企业中被广泛运用，并取得了很好的效果，后来又被应用于中小学校中，也取得了良好效果。高校是学习的场所，是一种特殊的组织，高校教师是一类特殊的群体，在我国历史上，有"文人相轻"的传统观念，在日常的教学过程中，教师多存在自我发展的意识，在恢复高考的初期，由于教师队伍的青黄不接，

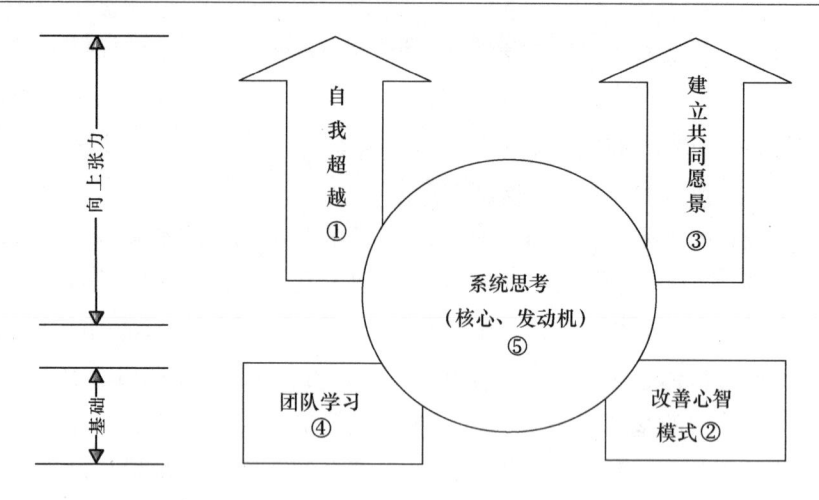

图 2—4 学习型组织理论——圣吉五项修炼模型

曾有过"传、帮、带"的教师培养途径，但随着教师队伍的扩充，知识经济、网络经济的发展，"传、帮、带"工作出现了前所未有的问题，在现在知识大爆炸的时代，教师学习将被重新认识，知识的发展与碰撞，使得个人的知识能量无法满足教学、科研工作的需要。因此，学习型组织理论的正确导入更能激发高校教师的团队意识、育人动机、学习热情，最大限度地发挥高校的职能。

学习型组织的导入，将使教师的学习状态发生几个转变，即从个人学习向团队学习转变；从被动学习向主动学习转变；从适应性学习向发展性学习转变。传统的被动学习模式将转变为行动学习模式（见图2—5）。

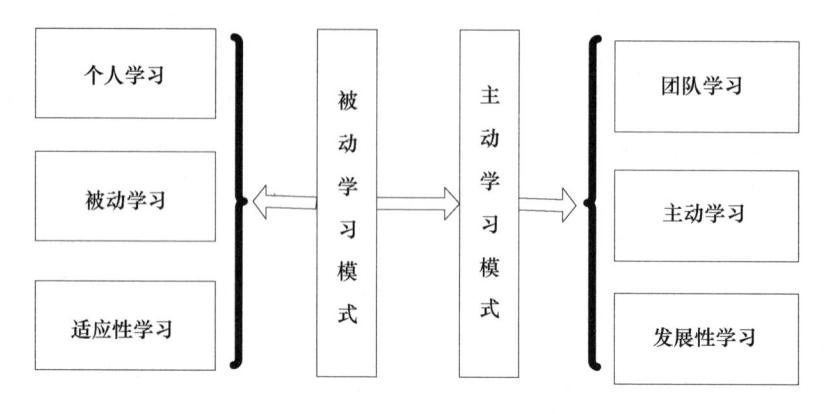

图 2—5 基于学习型组织的教师学习模式转变

第三节 职业生涯管理理论

人力资源管理理论的发展为高校教师管理提供了新的理念和方法。20世纪70年代后期,美国将人力资源管理理论引入高校教师的管理实践。其中职业生涯管理理论(Theory of Gareer Management)是人力资源管理被引入高校教师管理的重要理论之一。最早提出职业生涯概念的是美国著名的组织行为学专家道格拉斯·T. 霍尔。后来格林豪斯、金斯伯格、萨帕等学者从不同的视角对职业发展阶段进行深入研究,提出了不同的职业生涯管理理论。

20世纪80年代后,很多学者开始关注和研究高校教师职业生涯的发展。在对不同发展阶段进行分析的基础上,形成了高校教师职业生涯阶段不同的划分方法。如霍奇金森按年龄将教师职业生涯划分为7个阶段,分别为:进入成人世界阶段(22—29岁)、转变阶段(28—32岁)、成家及向上发展阶段(30—35岁)、成为自己阶段(35—39岁)、中年阶段(39—43岁)、重心稳定阶段(43—50岁)、老年阶段(50岁至退休)。[①]

布拉斯坎普从职称晋升的角度分析,认为从助教到副教授再到教授的职称晋升是教师发展的主要轨迹,也是教师职业发展的重要通道;弗里德曼将教师职业生涯划分为5个阶段,即适应期、教学方法转变期、反思期、思维和行动模式选择期、自主化期,即从职业适应到建立个人教育理念是教师发展的轨迹。

将教师职业发展分为适应生存期、初获认可期、相对稳定期、高峰转折期和隐退淡出期5个阶段的是美国学者鲍德温和布莱克。通过多年的研究与实践,目前,鲍德温和布莱克的五阶段划分方法得到高校教师管理工作者的普遍认可。

有学者按照五阶段划分方法,对高校教师职业发展进行研究,提出在常规的情况下,按照职业发展的一般规律,所形成的职业发展周期图,

---

[①] 转引自徐延宇《高校教师发展——基于美国高等教育的经验》,教育科学出版社2009年版。

即为教师发展元图（见图2—6），也就是在没有考虑任何发生在个人职业生涯中的波动和转型的情况下，教师职业发展的过程。

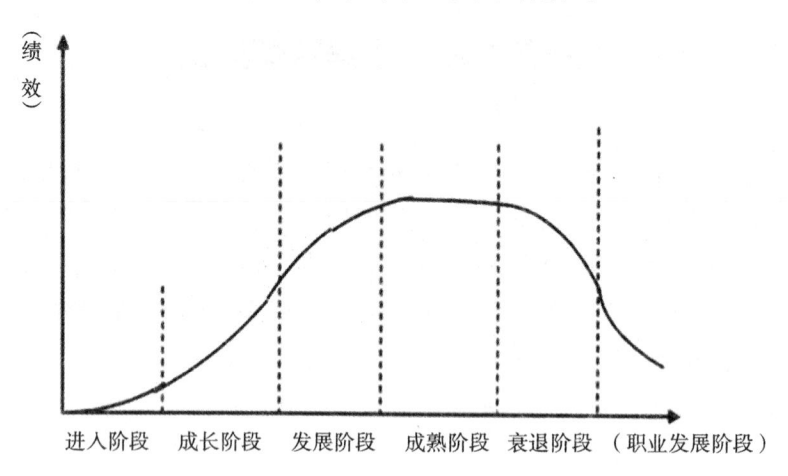

图2—6　高校教师职业发展周期

在教师职业发展不同的阶段，根据教育事业和个人发展需要，进行自我提升和不同的培养培训，可以改变教师绩效，促进教师发展，从而推动高校和高等教育事业的发展。如在高校教师进入职业初期，进行职前培训，使青年教师缩短进入期，尽快融入高校环境；在成长的过程中，有计划地对青年教师进行高等教育理论、师德修养、教学方法与技巧等方面的培训，使他们适应高校教师职业的环境和要求，促其快速发展（见图2—7）。

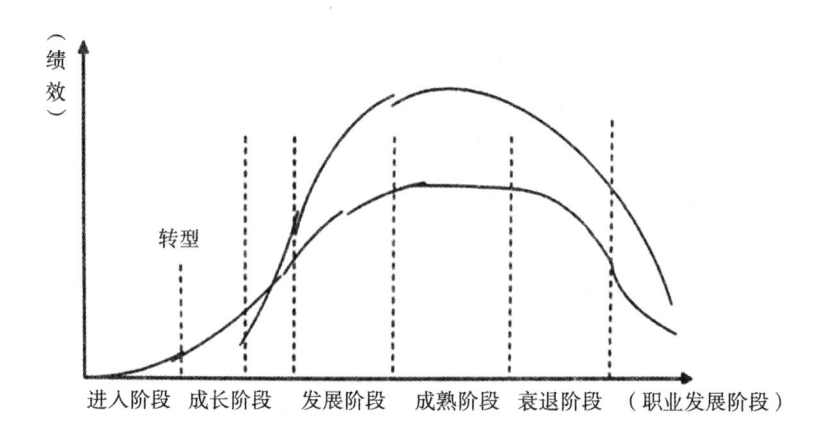

图2—7　高校教师职业发展周期转型图（1）

在高校教师适应高校工作与生活后,对自己和环境会有一个客观、深入的认识,发现自身的爱好和兴趣,并寻找适合自身发展的机会和途径,从而面临职业转型。这时高校教师在心理、业绩等方面就会出现对工作内容、方式、环境等的不适应,绩效也会有所下降,但通过个人的努力和组织的培养,会出现一个发展上升期,如为个体提供合适的学习机会后,其绩效就会更好,同时,也具有了更持久的发展潜力。

高校根据青年教师此阶段的特点,可有计划地组织实施青年教师发展项目,如教育理念提升、攻读高一级学位、科研合作、参与研讨等,开拓青年教师视野,为其成功转型提供帮助(图2—8)。

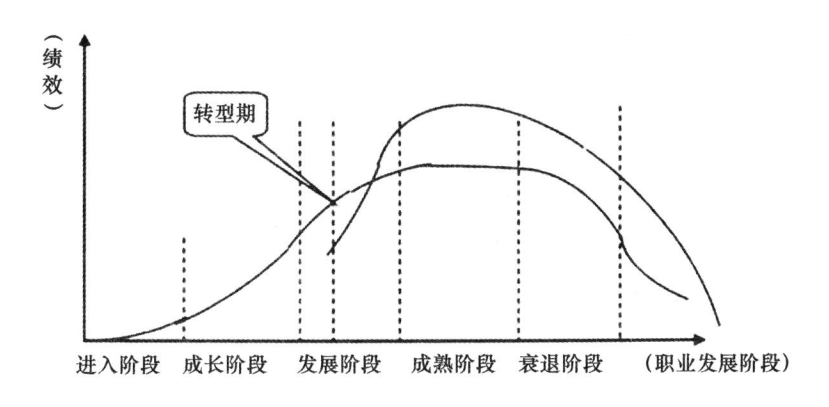

图2—8　高校教师职业发展周期转型图(2)

进入发展阶段后,高校教师将步入事业发展的成熟期,达到掌握知识的顶峰,但教师也已步入中年,由于精力、体力等的限制,绩效的提高又一次出现瓶颈,取得突破将更加艰难。这时,教师个体就要发挥主观能动性,将工作兴趣转移,充分利用自身多年的教学、科研经验,更多地进行"传、帮、带",向青年教师传授经验和技巧,进而实现个体价值的延伸,也为高校教育发展做出新的贡献。这将是另外一个工作的转型和发展途径(见图2—9)。

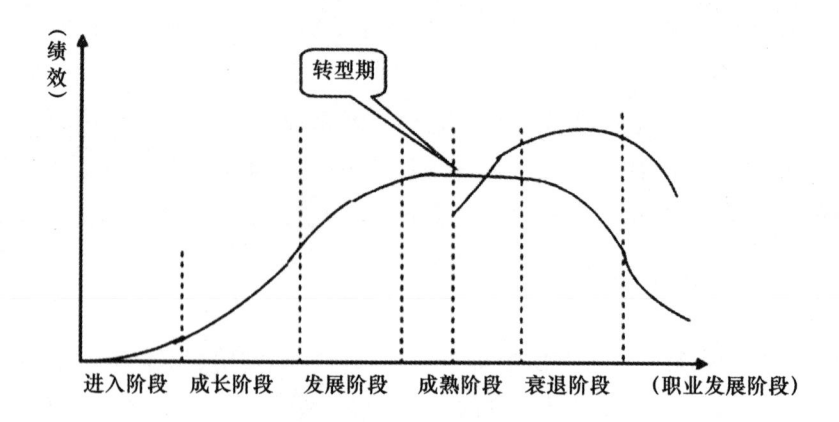

图 2—9 高校教师职业发展周期转型图（3）

通过对不同职业发展阶段教师的培养，以及教师自我的更新和完善，教师发展将呈现图 2—10 的发展轨迹。

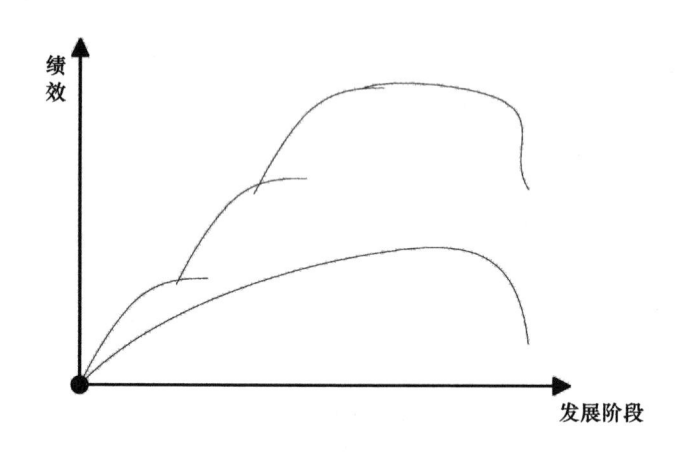

图 2—10 高校教师发展轨迹

我国高校一直关注的是教师队伍建设这样的整体概念，并且着眼于培训，对教师个体发展的关注较少。而教师的发展最重要的是教师个体的需求，即学习动机。从克努兹全视角学习理论可以看出，从教师个体出发，教师发展就是一个学习过程，即教师的自主学习。运用全视角学习理论，营造学习型组织环境，分析教师在不同职业发展阶段的学习动机，找出影响高校教师发展需求的深层原因，提升教师职业认同感，提高教师发展的内需力,设计适合教师不同职业发展阶段的内容,营造共同学习、协同发展的环境,通过与社会环境的互动,变被动为主动,提高学习效果和质量,促进教师自主发展、自我提高,将是促进高校教师全面发展的理想状态。

第 三 章

工科类地方本科高校教师发展现状及症结探析

地方本科高校是推动地方经济发展的人才源、智能源、文化源[1]，其职能就是为地方经济发展培养人才，是人才的源泉；同时地方高校还是地方经济社会发展的智能依靠，是智能源；习近平总书记多次强调中国优秀传统文化的作用，文化传承是新时期高校的新职能，高校文化是文化传承的源泉，或者说是文化的辐射源。

工科类地方本科高校是地方高校的主力军，在高校教师发展日益升温的今天，高校教师发展状况如何？受到哪些条件和因素的制约？本章将通过对案例高校的深入调查，发现存在的问题，并尝试分析问题出现的原因，从而进一步说明对工科类地方本科高校教师发展进行系统研究的必要性。

第一节 研究设计及样本选取

没有调查就没有发言权。本书按照实证研究的方法，对高校教师发展状况进行两个阶段的调查。首先，为了解工科类地方本科高校教师发展的基本情况、教师发展工作机构设置及人员配置情况等，设计了相应的访谈提纲，通过电话、e-mail 等方式对河南省 12 所工科类地

---

[1] 周远清：《地方高校如何为地方经济社会发展服务》，《重庆高教研究》2015 年第 4 期。

方本科高校进行调查，确定工科类地方本科高校教师发展实践中的基本问题；然后，在明确基本问题的基础上，设计教师及学生调查问卷，选择河南省 ZY 大学作为具体研究对象，对目前工科类地方本科高校教师发展进行深入调查，从发展目标、发展内容、发展项目等方面进行研究。

一 访谈提纲及问卷设计

前文已提及，本书在了解教师发展现状的基础上，试图从"以学生为中心"的视角探讨如何改进教师发展，因此，为全面了解教师发展中的问题，研究设计了教师和学生调查问卷，以及教师访谈提纲，进行全面的问卷调查及深度访谈，深入分析教师发展中的问题症结，以期寻找合适的改进途径和方法。

(一) 机构设置及人员配置情况访谈提纲设计

为确定工科类地方本科高校教师发展的研究价值和实践意义，确定河南工科类地方本科高校教师发展的基本问题，本书设计访谈提纲，选择河南省 12 所工科类地方本科高校进行访谈调查。主要调查对象为高校校领导、人事处、教务处等相关职能部门负责人及专职工作人员。主要问题涉及机构设置情况、专职人员配备情况、教师发展项目开展情况、实施效果等，共 10 个问题。

(二) 教师问卷设计

问卷设计基于教师发展和学生学习，以改进教学、完善"以人为本"的教师发展制度为核心，首先以开放性问题的形式，请人事处、教务处、科技处、高教研究所、教学系部等从事相关工作的同事及教师代表，根据个人认识及经验通过问卷设计 20 个左右的问题，由此，共收集问题 160 余个。之后，对教师发展的内涵从教学发展、专业发展、组织发展和个人发展四个方面予以说明，并采用德尔菲法对题项进行归属、合并，经三次信息反馈后，形成 60 个题项，再针对以上问题征求专家意见，专家包括：导师刘献君教授、学院教学评估中心董学武教授、教务处处长、人事处处长等。然后对问题进行筛选、合并，形成 50 个问题，再进行试调查。根据试调查情况进一步明确调查问卷的题意，进一步合并相关问题，最终形成 45 个问题进行调查。

其中第1—10个问题为教师人口学统计特征题项,其他题项按照自我发展认知、学校培养管理、教师发展政策等模块设计,最后一题是开放性问题,请被调查人写出对学校在教师培养与发展方面工作的意见和建议。

(三) 学生调查问卷

学生问卷设计是为了回应"以学生为中心"的视角,设计思想基于教师发展"以人为本"的理念,即以教师个体发展为核心,"以学生为中心",教师发展的最终目标是培养学生全面发展。问卷设计包括学生人口学统计特征、对教师素质和能力的评价、对教师教学的期待以及大学生活体验的题项。

题项设计除考虑与教师问卷的呼应性,还考虑了学生的体验,因此,最初题项来源于课题组及从事学生工作的老师及学生代表,共收集问题105项,之后采用德尔菲法对题项进行归属、合并,经三次信息反馈后,形成35个题项,并请教了高等教育研究专家刘献君教授、沈红教授及样本高校教育教学中高层管理人员,与教师讨论,最后形成26个题项(含1个开放性问题),其中第1—5个问题为学生人口学统计特征题项,了解在校大学生的自我认知及角色定位,最后一题是开放性问题,请学生写出最喜欢的本校的3名老师,并简单说明理由,其他题目设计是为了了解在校大学生对教师的教学期待及要求。

(四) 教师访谈提纲设计

为进一步了解调查数据得出的结论,查找数据背后的真实原因,在对调查问卷收集的数据进行处理、分析后,针对教师发展的动机、组织及个人发展愿景等共10个问题与教师进行深入访谈。

二 样本选取

对于机构设置及人员配置问题,选择河南省12所工科类地方本科院校进行调查。对于教师发展的问题,本研究选取笔者熟悉的ZY大学作为样本高校,采用分层随机选取的方式,选取样本高校不同年龄、职称、学历的教师和不同年级、性别、专业的学生进行调查。

(一) 关于ZY大学

中华人民共和国成立初期,为了适应为国家培养大量工科技术人才的需求，中央仿照苏联模式，对全国高等学校及院系进行全盘调整，按产业部门、行业重新设立了一些高等院校，如交通学院、地质学院、纺织学院、审计学院、机械学院及拖拉机学院等。ZY大学即是在此背景下建校的。

ZY大学始建于1955年，是以工为主，以纺织服装为特色，工、管、文、理、经、法多学科协调发展的普通高等学校。学校位于河南省会郑州市，原隶属于纺织工业部，是原纺织部直属的8所高校之一。2000年7月，更名为ZY大学。从2000年到2013年，学校在校生规模从8000人发展到20000人；教职工从325人增加到1500人；专任教师从263人增加到1150余人。教学部门及专业设置也随着我国高等教育的发展而发展，教学部门从4个增加到目前的20个；开设专业从8个增加到49个。并设有一级学科硕士学位授权点8个、二级学科硕士学位授权点41个，专业学位授权点2个（工程硕士和工商管理硕士），河南省一级重点学科3个、二级重点学科14个。

ZY大学一直重视教师队伍建设，在实践中，自1996年教育部实施《高等学校教师培训工作规程》《高等学校教师岗前培训暂行细则》和《高等学校教师岗前培训教学指导纲要》以来，ZY大学每年开展系列教师培训活动，曾被河南省教育厅评为"教师培训年"先进单位，学校还先后获得"中国发展最快的大学""河南公众最满意的十佳本科院校""河南考生心目中最理想的高校""河南最具影响力的十大教育品牌"等称号。

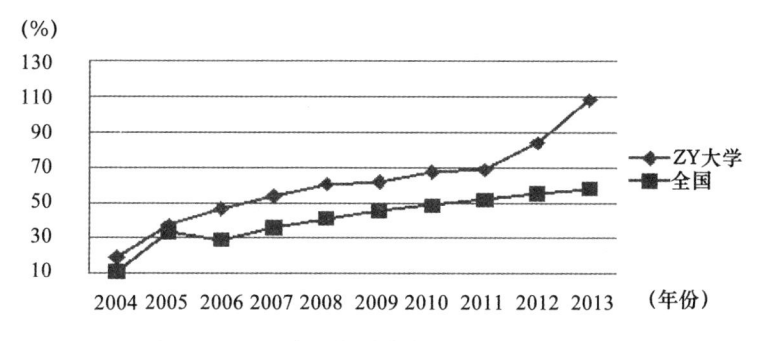

图3—1 全国高校与样本高校教师增长率变化对比

目前，学校以科学发展观为指导，秉承"博学弘德，自强不息"的校训，发扬"勤奋、严谨、进取、文明"的优良校风，坚持CDIO工程教育理念，以"卓越工程师计划"为契机，不断深化教育教学改革，着力培养德智体美全面发展、知识丰富、能力突出、素质优良的高级应用型人才，主动融入和服务建设中原经济区，为加快中原崛起和河南经济社会发展提供人才支撑。

从图3—1可以看出，ZY大学的教师增长率高于全国普通水平，为满足教学科研工作需要，近年来，ZY大学大量引进青年教师，因此，教师发展的任务更重。这也是地方本科高校的普遍状况。ZY大学的发展，可以说是中国工科高校发展的一个缩影，同时，笔者自1991年开始长期在ZY大学从事师资管理工作，并见证河南省高校师资管理研究会成立及发展的历程，对学校、政府部门关于高校教师培训、发展的理念及目标、内容、政策、制度等有较深入的理解，并参与实践，为研究资料及调研数据的收集和整理提供了便利的条件和可靠的保证。

(二) 教师样本

教师样本选取按照院系分别进行，发放时考虑教师性别、年龄、职称及从教科目等结构。共发放教师问卷560份，收回问卷510份，回收率为91%。教师问卷调查样本的具体情况如表3—1。

表3—1　　　　　　教师问卷调查样本的具体情况

项目	类别	人数（人）	比例（%）
性别	男	250	49
	女	260	51
年龄	<30岁	95	18.6
	30—39岁	266	52.2
	40—49岁	125	24.5
	50—60岁	24	4.7

续表

项目	类别	人数（人）	比例（%）
职称	教授	40	7.8
	副教授	143	28.0
	讲师	246	48.2
	助教	61	12.0
	未定	20	3.9
从教科目	理工科专业	120	23.5
	理工科基础	135	26.5
	人文社科类专业	131	25.7
	人文社科类基础	124	24.3
任教时间	3 年以内	94	18.4
	4—8 年	162	31.8
	9—15 年	155	30.4
	16—25 年	79	15.5
	25 年以上	20	3.9
学历	博士研究生	111	21.8
	硕士研究生	326	63.9
	本科	70	13.7
	其他	3	0.6

为验证被调查样本的代表性，对调查样本与样本高校教师的总体结构进行了比较分析。ZY 大学专任教师中：30 岁以下教师占 13%，31—39 岁教师占 51%，40—49 岁教师占 28%，50 岁及以上教师占 8%；教授占 13.07%，副教授占 29.55%，中级占 40.60%，初级及以下占 16.78%；具有博士学位的占 22.61%，具有硕士学位的占 58.59%，具有学士学位及其他的占 18.79%。样本数据与总体数据比较如图 3—2、图 3—3、图 3—4。

1. 年龄结构

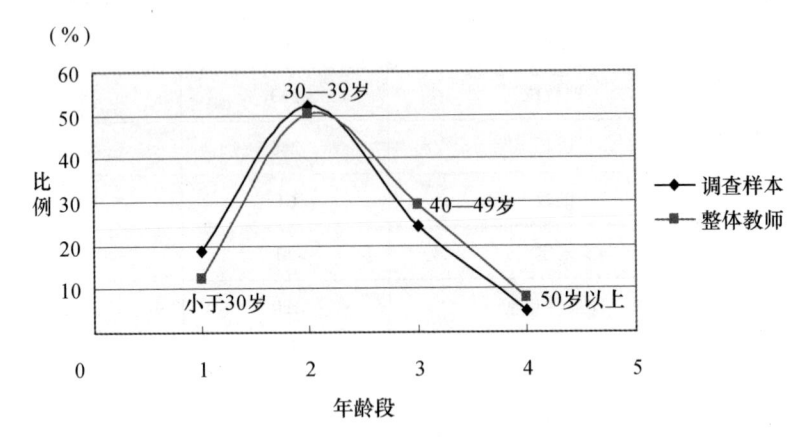

图3—2 调查样本年龄与整体比较

2. 职称和学历（学位）结构

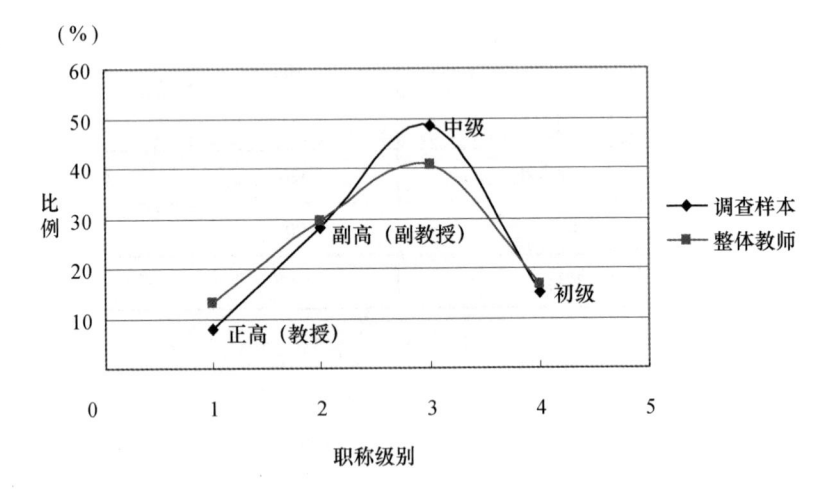

图3—3 调查样本职称结构与整体比较

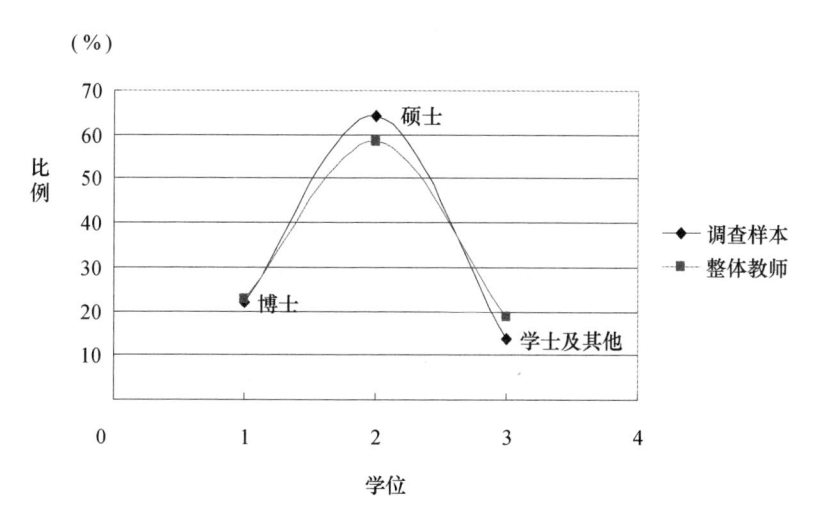

图3—4 调查样本学历（学位）结构与整体比较

从数据比较来看，调查样本与学校实际专任教师情况基本吻合，可以反映 ZY 大学教师的整体状况。

（三）学生样本

考虑到本次调查希望在人力、物力、财力、精力允许的条件下尽可能多地覆盖各学科学生，笔者采取配额抽样方式，根据不同院系学生在全校学生总体中的比重分配名额，并兼顾不同性别、年级学生的比例，按学号随机抽取。尤其考虑到工科院校中某些专业的男女性别比失衡的情况，部分院系加大了参与问卷调查的女生的比重。由于笔者工作的便利，问卷发放采取与辅导员合作的形式进行，通过辅导员将学生集中，作者向学生说明研究的背景和意义后，请样本学生认真填写问卷，调查持续3个月，共发放问卷2800份，回收有效问卷2489份，有效回收率为88.89%。其中，男、女生分别为1354人、1135人，大一、大二、大三、大四学生分别为587人、680人、642人、580人。学生问卷调查样本的具体情况如表3—2。

表 3—2　　　　　　　学生问卷调查样本的具体情况

项目	类别	人数（人）	比例（%）
性别	男	1354	54.4
	女	1135	45.6
年级	大一	587	23.58
	大二	680	27.32
	大三	642	25.79
	大四	580	23.30

注：在统计过程中，由于取值四舍五入，总和数值可能大于或小于100%（余同）。

（四）访谈对象选取

根据研究设计，访谈是对问卷调查的补充与修正，是为了挖掘数据背后深层次的原因，因此访谈对象主要选取老教师、优秀教师及"学生心目中的好老师"等有代表性的教师。

表 3—3　　　　　　　　访谈对象情况

姓名	性别	年龄	学历（学位）	职称	从教科目	备注
李毅	男	55	研究生	教授	理工科专业课	全国优秀教师
周工	男	50	研究生	教授	理工科专业课	省教学名师
卢燕	女	39	博士	副教授	理工科基础课	学生心目中的好老师
缑梅	女	45	硕士	副教授	理工科基础课	学生心目中的好老师
李刚	男	43	博士	教授	理工科专业课	学术技术带头人
闫妹	女	44	硕士	教授	人文社科专业课	校教学名师
杨萍	女	35	博士	副教授	人文社科基础课	学生心目中的好老师
杨兰	女	29	博士	副教授	理工科基础课	
李玲	女	28	博士		人文社科基础课	
韩旭	男	38	博士	教授	人文社科专业课	学生心目中的好老师

三　统计工具及信度检验

本研究采用的数据统计分析工具为 SPSS19.0，具体统计方法为因子分析、相关分析等方法。教师教学一直被认为是一项复杂且具有滞后性的工作，其影响因素众多，本研究拟运用因子分析法研究众多影响因素的相关性，然后通过主成分分析，提取公因子，将众多变量浓缩为几个待解释的潜变量，以减少影响因素的维度，达到更科学地评价教学效果的目的。

问卷的信度体现问卷的可靠性。信度是指采用同样的方法对同一对象重复测量时所得结果的一致性程度，也就是反映实际情况的程度，信度校验是开展实证研究的基础。相关系数是表示信度的重要指标。相关系数一般分为三类：等值系数（跨形式的一致性）、稳定系数（跨时间的一致性）和内在一致性系数（跨项目的一致性）。

本研究采用内在一致性系数检验，对相应项目的一致性进行检验发现，教师问卷的一致性系数 $\alpha = 0.92$，学生问卷的一致性系数 $\alpha = 0.83$，跨项目的问题吻合度较高，从而验证此次问卷调查的可信度较高。

第二节 工科类地方高校教师发展现状

一 发展目标

目标，是指个人、部门或者组织在一定时间内所期望达到的成果或标准。一个明确的目标将给人以明确的方向感，使人充分了解自己每个行为的目的，也使人更清晰地评估、检验自己的行为，从忙乱中清醒，转移到与目标一致的工作上，激发潜能。因此，目标对个人发展与成功具有非常重要的意义。

兴趣是选择职业的基础，职业理想与职业生涯设计能激发个人的发展动力。因此，对高校教师发展目标的评测将从职业兴趣、职业理想、职业生涯等方面进行调查。通过对调查数据进行分析发现，职业兴趣、职业理想、职业生涯具有较强的相关性，职业兴趣与职业理想在 0.01 水平上显著相关，与职业生涯在 0.05 水平上显著相关，职业理想和职业生涯不相关（见表3—4）。因此在做进一步分析时，限于篇幅，选择职业理想及职业生涯作为分析选项。

表3—4   职业兴趣、职业理想、职业生涯相关性分析

		职业理想	职业生涯	职业兴趣
职业理想	Pearson 相关性	1		
职业生涯	Pearson 相关性	0.038	1	
职业兴趣	Pearson 相关性	0.147**	0.108*	1

注：**表示在0.01水平（双侧）上显著相关。*表示在0.05水平（双侧）上显著相关。

调查发现，40.36%的教师对高校教师这个职业非常感兴趣，49.4%的教师有一定兴趣，还有9.84%的教师认为只是谋生而已，谈不上兴趣，没兴趣和想退出的教师占比只有0.4%（见图3—5）。

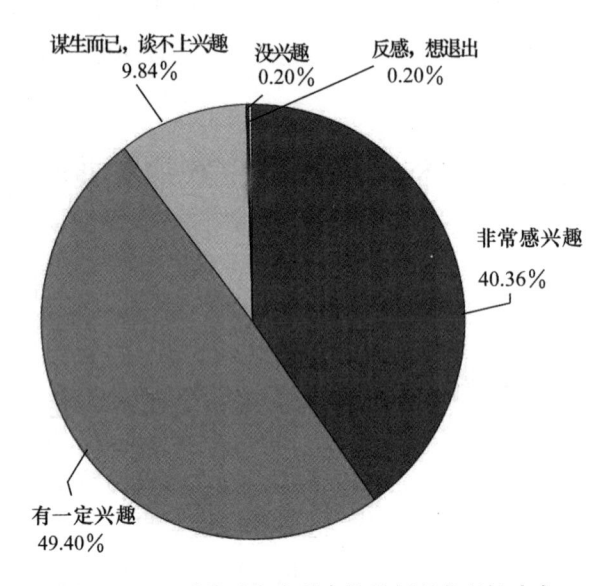

图3—5 工科类地方本科高校教师职业兴趣分布

对于教师的职业理想，有22.2%的教师立志成为社会知名的教育者，45.6%的教师想成为广受欢迎的教师，还有26.3%的教师要培养适应社会需求的专业人才，想评上中高级职称、赚更多钱的教师占比为4.3%，认为"能评上中级职称就不错了"和没有目标的教师共占1.6%（见图3—6）。

第三章 工科类地方本科高校教师发展现状及症结探析 67

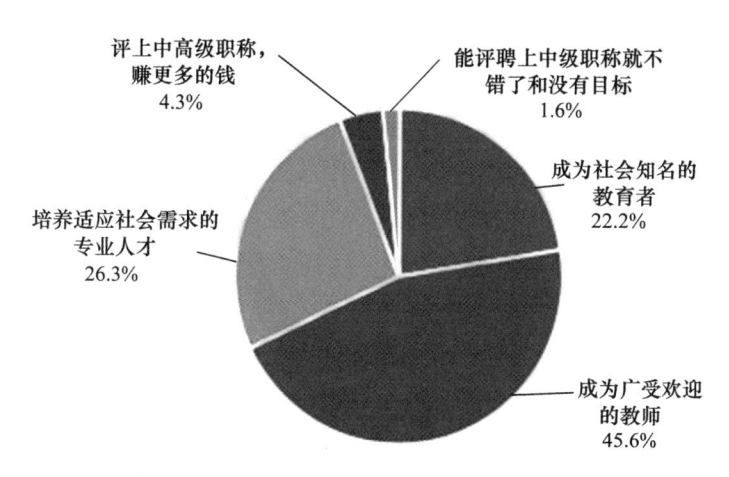

图3—6 工科类地方本科高校教师职业理想分布

（饼图数据：评上中高级职称，赚更多的钱 4.3%；能评聘上中级职称就不错了和没有目标 1.6%；成为社会知名的教育者 22.2%；培养适应社会需求的专业人才 26.3%；成为广受欢迎的教师 45.6%）

对于教师职业生涯，设计选项为"只要学校聘用，我会一直留在教学岗位""我会继续留在这所学校，但希望转向或兼职行政岗位""我不会改行，但考虑调动到更好或更适合我的学校""我会考虑转行，教师只是我的职业跳板""我从来没有想过这个问题"五个单选题，从调查结果看，有67.8%的教师愿意一直留在学校工作，其中，48.5%的教师愿意一直留在教学岗位工作，19.3%的教师愿意一直留在学校但转向或兼职行政岗位，16.3%的教师表示不会转行，但会选择更合适的高校，只有3.1%的教师考虑转行，认为教师只是职业跳板，还有12.8%的教师表示没有考虑过这些问题。这可以由近年来ZY大学实施的教师公开招聘来解释。如果教师个人对教师职业或对该大学不感兴趣，他就不会选择到该学校担任教师。

可以看出，目前工科类地方本科高校教师具有较强的职业兴趣，较高的职业理想。但进一步对教师性别、职称、学科等与职业理想、职业生涯进行交叉分析后发现，不同性别、职称、学科的教师，职业理想和职业生涯具有差异性。

我从来没有想过这个问题 12.8%
我会考虑转行，教师只是我的职业跳板 3.1%
只要学校聘用，我会一直留在教学岗位 48.5%
我不会改行，但考虑调动到更好或更适合我的学校 16.3%
我会继续留在这所学校，但希望转向或兼职行政岗位 19.3%

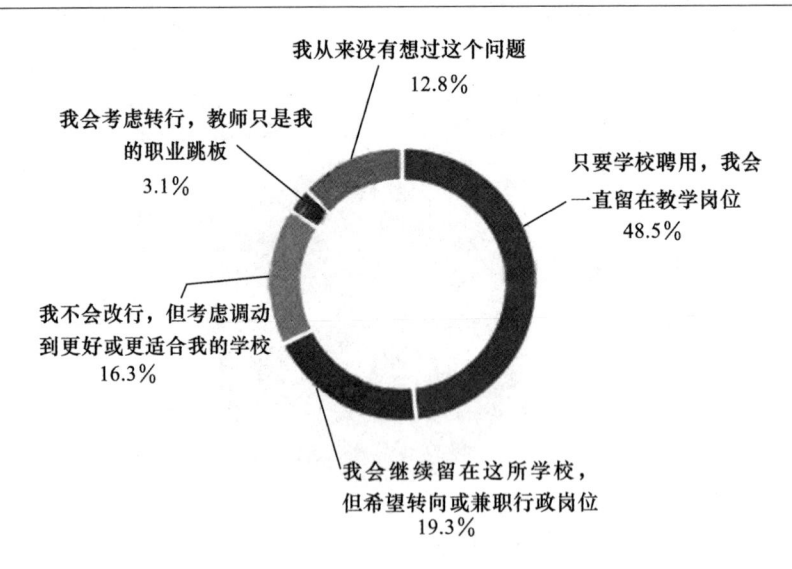

图 3—7　工科类地方本科高校教师职业生涯分布

对于不同性别的教师，在职业理想的选项上，选择"成为社会知名的教育者""成为广受欢迎的教师"的女教师的比例高于男教师；而在"培养适应社会需求的专业人才"选项上男教师的比例高于女教师，但差别不大；在"评上中高级职称，赚更多的钱"选项上，男女教师的差别较大，男教师的比例高于女教师（6.51% > 2.2%）。在职业生涯设计方面，45.71%的男教师表示"只要学校聘用，我会一直留在教学岗位"，而女教师选择此项的占51.15%，说明女教师想一直教学的愿望强于男教师；在对"我会继续留在这所学校，但希望转向或兼职行政岗位"选项上，男教师占22.04%，女教师占16.54%，说明女教师更忠实于教师岗位，而男教师在转向行政管理岗位、赚钱方面意愿更强（见表3—5）。

表 3—5　教师性别职业理想、职业生涯交叉分析　　　　（%）

性别	职业理想				
	成为社会知名的教育者	成为广受欢迎的教师	培养适应社会需求的专业人才	评上中高级职称，赚更多的钱	能评聘上中级职称就不错了和没有目标
男	21.86	43.26	27.44	6.51	1
女	22.47	47.58	25.11	2.20	2

续表

性别	职业生涯					
	只要学校聘用，我会一直留在教学岗位	我会继续留在这所学校，但希望转向或兼职行政岗位	我不会改行，但考虑调动到更好或更适合我的学校	我会考虑转行，教师只是我的职业跳板	我从来没有想过这个问题
男	45.71	22.04	10.61	4.90	16.74
女	51.15	16.54	21.15	1.54	9.62

对于不同职称的教师，教授在"成为社会知名的教育者"选项上的比例明显高于其他职称的教师，在"培养适应社会需求的专业人才"选项上，比例最低；而副教授在"成为广受欢迎的教师"以及"培养适应社会需求的专业人才"选项上的比例高于教授。对于职业生涯，教授在"我会继续留在这所学校，但希望转向或兼职行政岗位"的选项上的比例最高，说明教授对人才培养的兴趣降低，专业的忠诚度下降，而对组织的忠诚度较强，希望在本校转向或兼职管理岗位，中级职称的教师在"我会继续留在这所学校，但希望转向或兼职行政岗位"选项上的比例最低，而在"我不会改行，但考虑调动到更好或更合适我的学校"选项上的比例最高，达21.95%，说明中级职称教师对专业的忠诚度更高，而对学校的忠诚度较低（见表3—6）。这也许是工科类地方本科高校的特点之一，在以后的分析中会进一步阐述。从学科分析来看，人文社科类教师职业理想更高，26.73%的教师想"成为社会知名的教育者"，明显高于理工科教师（17.1%），在"成为广受欢迎的教师"选项上，理工科教师的比例高于人文社科类教师（48%＞42.4%），而在"培养适应社会需求的专业人才"方面的选择差别并不大；对于职业生涯，不同从教科目的教师也有一定差别，如人文社科类基础课教师和理工科专业课教师选择"只要学校聘用，我会一直留在教学岗位"的比例较高，分别为57.14%和52.14%，"我会继续留在这所学校，但希望转向或兼职行政岗位"选项上，人文社科类专业课教师与理工科基础课教师比例较高，而在"我不会改行，但考虑调动到更好或更适合我的学校"选项上，人文社科类

专业课教师的比例最高,为 28.35%,理工科基础课教师的比例最低,为 8.87%,这进一步证实了工科类地方高校的特点(见表 3—7)。

表 3—6　　　　职称与职业生涯及职业理想交叉分析　　　　(%)

职称	职业理想				
	成为社会知名的教育者	成为广受欢迎的教师	培养适应社会需求的专业人才	评上中高级职称,赚更多的钱	能评聘上中级职称就不错了和没有目标
教授	40.63	34.38	21.88	3.13	0
副教授	18.18	49.59	28.10	3.31	0.83
中级	21.78	47.56	23.11	4.89	2.22
初级	23.53	37.25	35.29	1.96	1.96
未定职称	13.33	40.00	33.33	13.33	0

职称	职业生涯				
	只要学校聘用,我会一直留在教学岗位	我会继续留在这所学校,但希望转向或兼职行政岗位	我不会改行,但考虑调动到更好或更适合我的学校	我会考虑转行,教师只是我的职业跳板	我从来没有想过这个问题
教授	47.50	37.50	5.00	5.00	5.00
副教授	49.65	18.18	13.29	2.80	16.08
中级	47.15	16.26	21.95	4.07	10.57
初级	55.74	22.95	13.11	4.92	3.28
未定职称	43.75	37.50	6.25	6.25	6.25

表 3—7　　　　从教科目与职业生涯及职业理想交叉分析　　　　(%)

从教科目	职业理想				
	成为社会知名的教育者	成为广受欢迎的教师	培养适应社会需求的专业人才	评上中高级职称,赚更多的钱	能评聘上中级职称就不错了和没有目标
人文社科类基础课	22.83	42.39	30.43	3.26	1.09
人文社科类专业课	30.63	42.34	23.42	3.60	0
理工科基础课	16.51	55.05	21.10	5.50	1.83
理工科专业课	17.76	41.12	32.71	4.67	3.74

续表

从教科目	职业生涯					
	只要学校聘用，我会一直留在教学岗位	我会继续留在这所学校，但希望转向或兼职行政岗位	我不会改行，但考虑调动到更好或更适合我的学校	我会考虑转行，教师只是我的职业跳板	我从来没有想过这个问题
人文社科类基础课	57.14	14.29	19.64	5.36	3.57
人文社科类专业课	42.52	22.05	28.35	2.36	4.72
理工科基础课	45.16	21.77	8.87	3.23	20.97
理工科专业课	52.14	18.80	12.82	5.13	11.11

二 发展内容

工科类地方高校教师发展内容包括教学发展和专业发展、组织发展、个人发展四个方面。下面分别从这四个方面进行统计分析。

（一）教学发展

教学发展是高校教师发展的核心，尤其是对于工科类地方本科高校教师来说，由于受专业背景、学校氛围的影响，教学发展的重要意义更为凸显。教学发展主要包括教育理论知识学习、教学观念更新及现代教育教学方法和能力等方面。

1. 教育理论知识学习

对于教育理论知识的学习，本书设计两个题项进行调查，即"您认为《高等教育学》《教育心理学》等教育理论知识对工作是否有帮助"，以及"就培训内容而言，您认为最有必要参加的是什么（限选三项）"。

调查发现，教师认为教育理论知识对自己非常有帮助的占31%，有一些帮助的占47%（见图3—8）；但在回答最有必要参加培训学习的内容时，只有20.2%的教师认为现代教育理论培训是最有必要的。

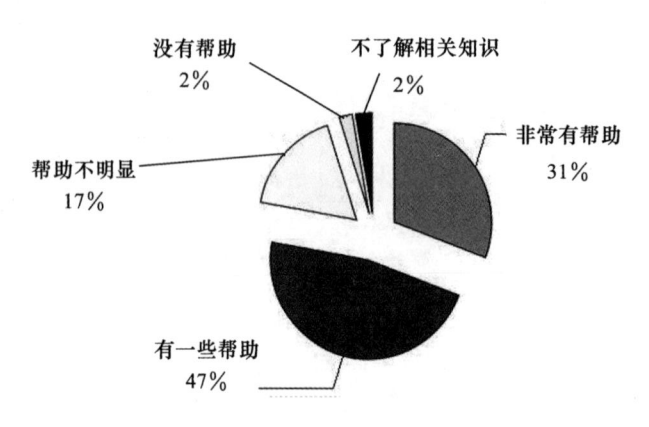

图3—8 教师对教育理论知识的认知

进一步分析发现，不同学位、职称、从教科目的教师，对教育理论知识作用的认知不同，如表3—8所示，具有博士学位的教师认为有帮助的比例最低，而在"帮助不明显""没有帮助"以及"不了解相关知识"选项上的比例都最高；高级职称教师认为有帮助的比例明显高于其他职称教师，教授认为教育理论知识对自己的工作"非常有帮助"的占52.5%，比例最高；不同学科的教师中，人文社科类教师认为教育理论知识"非常有帮助"和"有一些帮助"的比例高于理工科教师，特别是在"非常有帮助"选项上，人文社科类教师和理工科类教师差别较大，其中人文社科类基础课老师认为"非常有帮助"的比例最高，占48.7%，理工科基础课的教师认为"非常有帮助"的比例最低，占20.2%。

2. 教学观念更新

对于更新教学观念，笔者从"是否能主动更新教学观念，积极设计和实施新颖的教学方案""是否能主动将学科前沿知识、最新研究成果以及个人科研发现同课堂教学相结合"，以及对是否乐于参加"教学技术与方法培训"等题项调查，并对结果进行分析。

表3—8　　　　学位、职称、从教科目 * 教育理论知识交叉表　　　　（人）

			教育理论知识				
			非常有帮助	有一些帮助	帮助不明显	没有帮助	不了解相关知识
最高学位	学士	计数	27	36	7	0	0
		最高学位 中的%	38.6	51.4	10.0	0	0
	硕士	计数	100	158	57	5	6
		最高学位 中的%	30.7	48.5	17.5	1.5	1.8
	博士	计数	29	45	23	6	8
		最高学位 中的%	26.1	40.5	20.7	5.4	7.2
	合计	计数	156	239	87	11	14
		最高学位 中的%	30.8	47.1	17.2	2.2	2.8
职称	教授	计数	21	15	3	1	0
		职称 中的%	52.5	37.5	7.5	2.5	0
	副教授	计数	45	55	35	4	4
		职称 中的%	31.5	38.5	24.5	2.8	2.8
	讲师	计数	61	132	39	5	10
		职称 中的%	24.7	53.4	15.8	2.0	4.0
	助教	计数	21	30	9	1	0
		职称 中的%	34.4	49.2	14.8	1.6	0
	未评职称	计数	8	6	2	0	0
		职称 中的%	50.0	37.5	12.5	0	0
	合计	计数	156	238	88	11	14
		职称 中的%	30.8	46.9	17.4	2.2	2.8
从教科目	人文社科类基础课	计数	55	47	10	0	1
		从教科目 中的%	48.7	41.6	8.8	0	0.9
	人文社科类专业课	计数	42	68	16	1	0
		从教科目 中的%	33.1	53.5	12.6	0.8	0
	理工科基础课	计数	25	59	31	5	4
		从教科目 中的%	20.2	47.6	25.0	4.0	3.2
	理工科专业课	计数	25	54	26	4	8
		从教科目 中的%	21.4	46.2	22.2	3.4	6.8

调查显示，32%的教师认为自己能非常主动地更新教学观念，积极设计和实施新颖的教学方案，52%的教师能主动更新教学观念，有一些更新的占16%（见图3—9）。

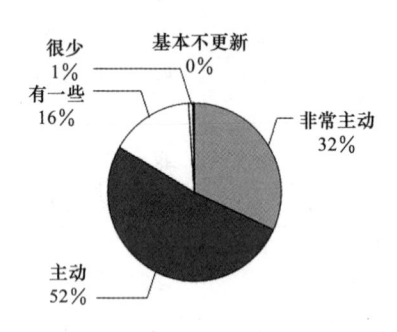

图3—9 教师对更新教学观念的自我认知

对于是否能主动将学科前沿知识、最新研究成果以及个人科研发现同课堂教学相结合，28.2%的教师认为能密切结合，64.5%的教师能尽量结合，很少结合和基本不结合的教师占比7.3%。但对是否乐于参加"教学技术与方法培训"，只有29.2%的教师选择乐于参加。进一步对选择乐于参加"教学技术与方法培训"的教师进行统计分析，不同职称的教师选择差异性不大，有25%的教授、30.8%的副教授、29.6%的中级职称教师，初级职称和未评职称人员中有26.2%、31.3%的人选择乐于参加。

对不同职称和学科的教师进行分析发现，在选择能"非常主动"更新教学观念的教师中，教授占比最高，为48.7%，其次为未评职称教师，占比为43.8%，副教授、讲师、助教分别占36.4%、27.5%、26.7%；在密切结合学科前沿知识方面，教授占比最高，为55%，副教授为37.1%，讲师占比为18.6%，助教为29.5%，未评职称教师占31.3%。

对于不同学科的教师，人文社科类基础课教师中有47.8%的教师认为能"非常主动"地更新教学观念，专业课教师占32.3%；而理工科专业课教师中只有30.1%的人认为能"非常主动"地更新教学观念，基础课教师占18.7%（见表3—9）。在密切结合学科前沿知识方面，人文社科类基础课教师占37.2%，理工科专业课教师占32.5%，人文社科类专业课教师占21.3%，理工科基础课教师占21%。

表3—9　　　　学位、职称、从教科目 * 教学观念更新交叉表　　　　（人）

			教学观念更新				
			非常主动	主动	有一些	很少	基本不更新
最高学位	学士	计数	17	43	9	1	0
		最高学位中的%	24.3	61.4	12.9	1.4	0
	硕士	计数	116	147	58	3	1
		最高学位中的%	35.7	45.2	17.8	0.9	0.3
	博士	计数	29	69	12	0	0
		最高学位中的%	26.4	62.7	10.9	0	0
职称	教授	计数	19	19	1	0	0
		职称中的%	48.7	48.7	2.6	0	0
	副教授	计数	52	77	13	1	0
		职称中的%	36.4	53.8	9.1	0.7	0
	讲师	计数	68	125	51	2	1
		职称中的%	27.5	50.6	20.6	0.8	0.4
	助教	计数	16	32	11	1	0
		职称中的%	26.7	53.3	18.3	1.7	0
	未评职称	计数	7	7	2	0	0
		职称中的%	43.8	43.8	12.5	0	0
从教科目	人文社科类基础课	计数	54	41	18	0	0
		从教科目中的%	47.8	36.3	15.9	0	0
	人文社科类专业课	计数	41	63	21	2	0
		从教科目中的%	32.3	49.6	16.5	1.6	0
	理工科基础课	计数	23	79	21	0	0
		从教科目中的%	18.7	64.2	17.1	0	0
	理工科专业课	计数	35	65	13	2	1
		从教科目中的%	30.1	56.0	11.2	1.7	0.9

注：统计时，按问卷上实际勾选的选项计数。余同。

对于更新教学观念，为进一步了解教师的理解，我们进行了个别访谈，特别是对于高级职称和未评职称的教师。通过访谈了解到，对于高级职称的教师，随着教学经验的积累，以及教学研究和改革的开展，他们对教学观念的更新有比较深入的理解，并且在20世纪90年代中后期，学校聘请教育专家为教师做专题报告，在讲授方法、教学技能、与学生沟通等方面进行辅导，他们一直记忆犹新，对他们教学工作的开展起到很好的促进作用。而对于未评职称的年轻老师，有不少人认为，研究生阶段的学术训练对于教学虽有帮助，但学习教育理论和方法还需要下大力气，要不停地摸索，这样才能逐步成为一名合格的大学教师；但也有青年教师认为自己可以胜任目前的教学科研工作，教学经验等慢慢积累即可，没有必要参加所谓的发展项目专门培训。

3. 现代教育教学方法和能力

现代教育教学方法和能力是教师课堂教学的具体体现，学生可以直接感知教师教学方法是否适当，也可以给出直观评价。因此，对于教师使用现代教育教学方法和能力的调查，从教师和学生两个方面进行。在教师、学生调查问卷中均设计了"传统课堂教学所占比重""多媒体教学能力""双语教学能力"等内容，以期进行比较。

前已述及，在调查的教师样本中，有29.2%的教师选择乐于参加"教学技术与方法培训"。对"课堂教学中'讲授部分'所占的比重"，即传统教学方法的使用方面，教师和学生的评价基本相符，67.1%的教师和72.2%的学生认为传统讲授部分占80%以上，认为传统讲授占60%左右的教师和学生分别占25.4%和24.3%，认为传统讲授占50%以下的教师和学生分别为7.5%和4.5%（见表3—10）。从而可以得出教师发展中教学方法还以传统为主，亟待改变。

表3—10　　教师、学生对"课堂教学中'讲授部分'所占比重"的评价对比　　　（%）

	教师评价	学生评价
接近100%	16.5	16.4
80%	50.6	55.8
60%左右	25.4	24.3
50%以下	7.5	4.5

如图3—10所示，在教师使用计算机及多媒体教学的能力（CAI）方

面，教师评价与学生评价出现了差异。31%的教师认为自己能"很熟练"地使用多媒体教学，47.3%的教师认为自己能"熟练"使用，有19%的教师认为自己水平"一般"，可以使用，只有2.7%的教师认为自己对多媒体教学"不熟练"或"很不熟练"。而学生认为授课教师能"很熟练"地进行多媒体教学的占13.1%，35.2%的学生认为教师能"熟练"使用，认为教师使用一般的为40.5%，还有11.2%的学生认为教师"不熟练"或"很不熟练"。

在双语教学方面，教师与学生的认知也存在差异。教师的自评中，认为能熟练使用双语教学的教师占近28.5%，不够熟练但能经常使用的教师占25.8%，会偶尔使用的教师占29.9%，从不使用的占15.8%；而学生评价中，统计结果显示，大多数学生（41.1%）认为教师使用双语教学并不熟练，并且也只是偶尔使用（见图3—11）。

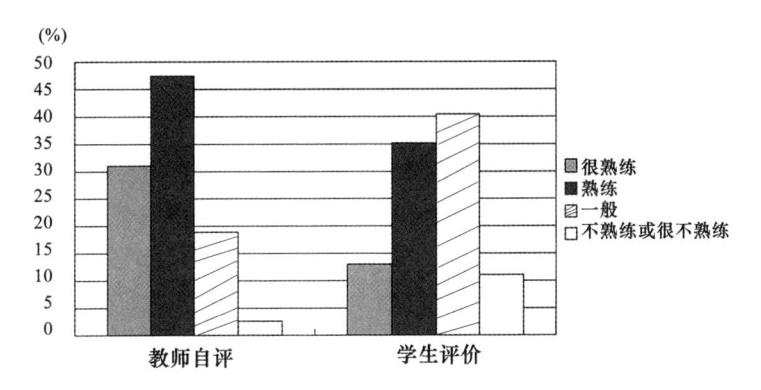

图3—10 教师CAI能力自评与学生评价对比

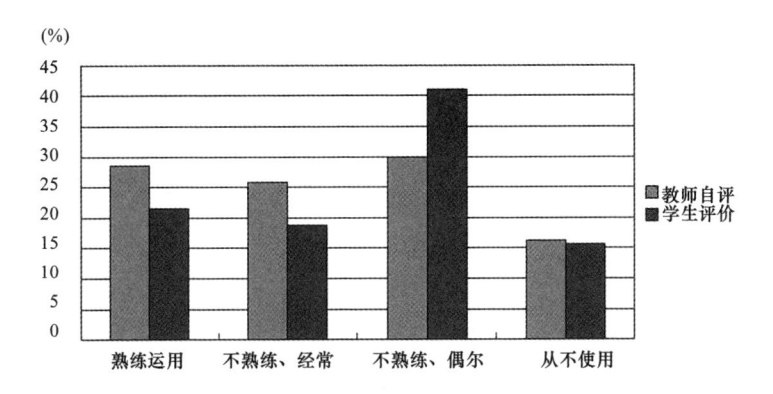

图3—11 教师双语教学能力自评与学生评价对比

进一步分析发现，不同职称、学科的教师，对于现代教育技术与方法的学习和应用能力差别不大。以上调查结果显示，工科类地方高校教师虽大部分认为能主动学习新的教育教学理论，更新教学方法，但教师教学的实际表现并不乐观，教师并不能将学习到的教育教学方法体现在教学中，在现代教育技术与方法的应用上，教师的自我评价和学生评价有一定的差距，教师的自我评价明显高于学生评价，说明教师的自我认知较高，这也是教师缺乏教学发展"内需力"的重要因素之一。在"以学生为中心"的本科高等教育改革的大环境下，教师要进一步了解学生的需求，以查找自身的不足，特别是要加强教学理念、技能与方法的学习，发展"内需力"，促进自身全面发展。

另外，不同职称的教师都需要更新教育教学理念，学习先进的教育教学方法，而不是只对新入职的年轻教师进行培训。对于高级职称、年龄稍大的教师，也要激发他们学习新的教育理念与教育方法的积极性和"内需力"，他们的行为对年轻教师具有一定的示范作用。正如张俊超博士提出的，青年教师的教学技能的提升可以用模仿的方法习得，并在模仿中进行创造①，而他们的模仿对象即高职称的年长教师，因此，对老教师的指导和发展，能激发年轻教师学习和提高教育教学技能的"内需力"和积极性。

（二）专业发展

工科类地方本科高校教师的专业发展是指教师专业理论知识以及科研能力的提升等，问卷从专业理论知识水平、专业学科建设、科研能力等方面进行了调查。

1. 专业理论知识水平

调查发现，认为自己专业理论知识扎实且了解前沿研究的教师占40.2%，扎实但不了解前沿的占37.6%，一般水平的占19.4%，亟待提高的占2.8%（见图3—12）。在教学中，能主动将学科前沿知识、最新研究成果以及个人科研发现同课堂教学相结合的教师占被调查者的92.7%。

从相关性分析进一步发现，教师对自己专业理论知识水平的评价，

---

① 张俊超、刘献君：《优秀高校教师成长与发展的规律性特征研究》，《高等教育研究》2014年第8期。

与年龄、职称、最高学历学位存在显著相关。随着专业技术职务的晋升，教师对自己的专业理论知识更加自信；学历层次越高，专业理论知识水平越扎实。显著性系数如表3—11所示。

表3—11　年龄、职称、最高学历学位与理论知识水平的相关性

		年龄分组	职称	最高学历学位
理论知识水平	Pearson 相关性	-0.210**	0.242**	-0.113*
	显著性（双侧）	0.000	0.000	0.011
	N	510	506	507

注：**表示在0.01水平（双侧）上显著相关。*表示在0.05水平（双侧）上显著相关。

从不同的从教课目教师角度，通过交叉制表分析发现，专业理论知识水平扎实且了解前沿研究的理工科专业课教师占比最高，为46.2%，理工科基础课教师占比最低，仅占27.4%；认为自己专业理论知识水平扎实但不了解前沿的理工科基础课教师占比最高，为47.6%，35%的理工科专业课教师认为自己专业理论知识扎实但不了解前沿。整体来看，理工科专业课教师的自信度高于理工科基础课教师，这也能从日常工作中体现出的理工科专业课教师参与科学研究的积极性较高、科研成果较多、职称晋升时优势较为明显等得以证实。

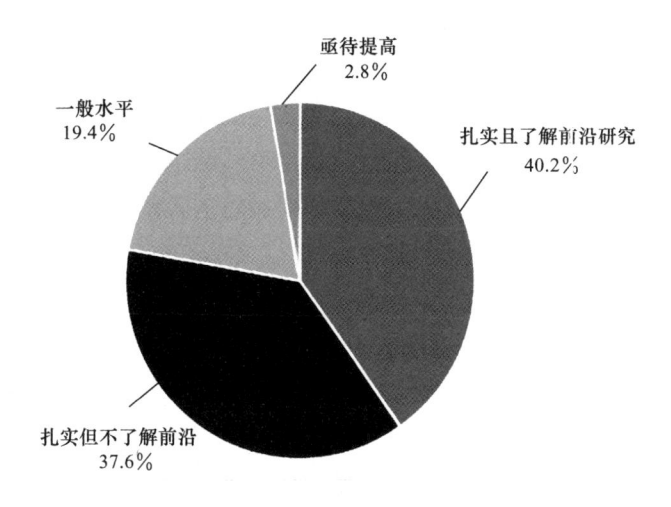

图3—12　教师对自己专业理论知识水平的认知

2. 专业学科建设

对于对自己所属专业的学科建设计划的了解程度，表示很了解的教师占22.5%，比较了解的占56.3%，不太了解的占15.6%，不了解和很不了解的占5.6%。进一步分析发现，不同职称的教师对学科建设的了解具有一定的差异，高级职称的教师对学科建设的了解明显高于低职称教师，但值得一提的是，助教和未评职称的教师认为对学科建设很了解的比例明显高于讲师（如表3—12）。不同学科类别的教师差异不大。

表3—12　　　　　不同职称教师对学科建设计划了解度对比表　　　　　（%）

	很了解	比较了解	不太了解	不了解	很不了解
教授	50.0	42.5	7.5	0	0
副教授	28.7	57.3	14.0	0	0
讲师	14.6	61.1	19.0	4.0	1.2
助教	23.0	45.9	24.6	3.3	3.3
未评职称	25.0	50.0	25.0	0	0

关于不同性别的教师对自己专业知识水平的认知，从卡方检验表来看，Pearson卡方值为17.820，自由度为3，双侧显著性概率值为0.000，小于0.01，达到0.01显著水平，说明性别在专业理论知识水平各反应变量上至少有一个有显著差别。

根据调整后残差值估计法进行两两比较，发现在专业理论知识水平"扎实且了解前沿研究"的选项上男、女教师差异较大，男教师明显强于女教师：男教师占59.6%，女教师占40.4%，高出近20个百分点，而在"扎实但不了解前沿"的选项上，女教师明显高于男教师。

3. 科研能力

对自己的知识和能力能否适应教学科研工作的问题，44%的教师认为"基础理论知识和实践创新能力均能很好地适应工作"，43%的教师认为"基础理论知识能较好适应，实践创新能力欠佳"，7%的教师认为"基础理论知识欠佳，实践创新能力能很好适应工作"，6%的教师认为"基础理论知识和实践创新能力基本能适应工作"，没有老师认为自己的基础理论知识和实践创新能力均不能很好地适应工作（见图3—13）。

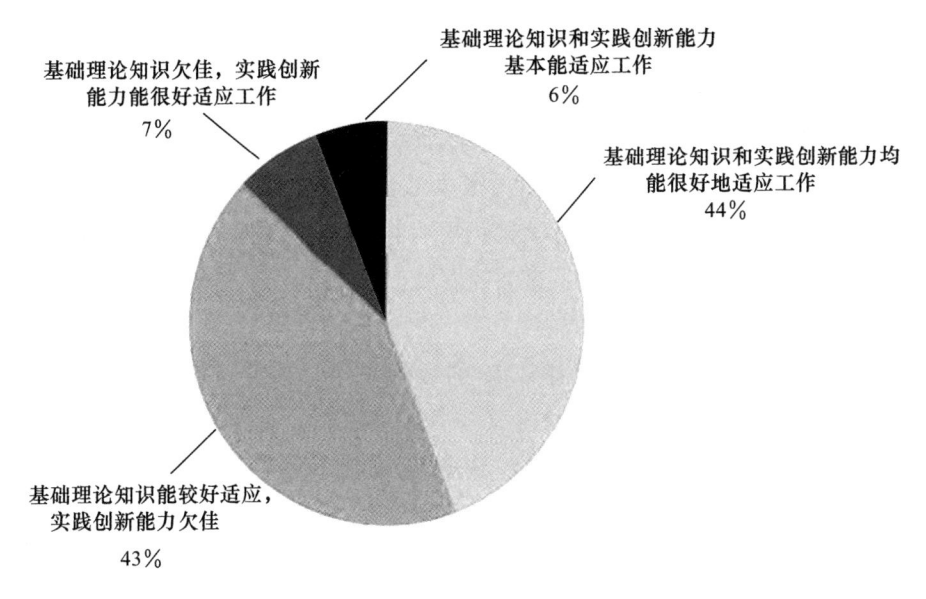

图3—13 教师对自己基础理论知识及实践创新能力的认知情况

从统计数据可以看出，高学历、高职称人员专业理论知识均比较扎实，但绝大部分教师没有实践工作经验，从而实践创新能力欠缺，这也正是工科院校教师急需提升的能力，只有提高教师的实践创新能力才能适应"卓越工程师计划"人才培养，以及应用技术型大学建设的需要。

深入分析发现，对自己的知识和能力能否适应教学科研工作的问题，与教师性别、学科不相关，与年龄在0.01水平上显著相关，与职称在0.05水平上显著相关。

（三）组织发展

组织发展是指改善教育教学组织环境，为教师教学和学生学习营造良好的组织氛围。组织发展内容，主要包括组织机构设置及人员配置、学校对教师发展的重视度、教师发展政策的完善度、教师对相关政策的了解度等方面，本次调查从这几个方面展开。

1. 组织机构设置及人员配置

在对河南省地方本科高校的调查中发现，12所被调研的工科类地方本科高校，只有两所于2014年刚成立了教师（教学）发展中心，但中心并不是独立的专门机构，而是挂靠学校某一行政部门（人事处或教务处），并没有开展实质性的促进教师发展的项目。在国家推进高校教师发展的大背景下，河南省地方高校教师发展工作与发达地区高校相比，还存在很大差距。两所高校的教师（教学）发展中心在人员配置上，基本是原师资科相关人员 2—3 人，主要职责仍为传统的教师管理、职称评聘、岗前培训以及其他培训项目，很少结合本校教师实际开发教师发展项目。就 ZY 大学而言，目前学校仍没有独立的负责教师发展的相应机构，更没有相关的人员专职从事教师发展工作。

2. 学校对教师发展的重视度

调查发现，被调查教师中 13% 的教师表示学校非常重视教师发展（培养培训），认为比较重视的占 30%，35% 的教师认为学校重视教师发展，但仍有 22% 的教师认为学校不重视或很不重视教师发展（见图3—14）。

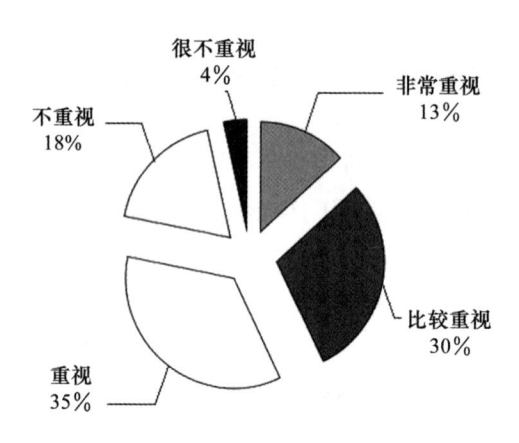

图3—14　学校对教师发展重视度的评价

对于不同职称的教师，进一步进行卡方检验（见表3—13）发现，不同职称教师的评价 Pearson 卡方值为 39.444，自由度为 24，双侧显著性系数为 0.025，达到了 0.05 显著水平。进一步从交叉分析表发现，在学校"非常重视"教师发展的选项上，不同职称之间的勾选比例有显著不同，未评职称教师勾选的比例（31.3%，调整残差 2.2）明显高于讲师（9.7%，调整残差 -2.3），副教授勾选的百分比为 13.3%，教授为 22.5%，说明讲师对学校重视度的评价最低。

对于不同学科的教师，双侧显著性系数 Sig 为 0.000，表示存在明显差异，从交叉分析表可以看出，人文社科类教师对学校重视度的评价明显高于理工科教师，特别是专业课教师，人文社科类教师认为学校比较重视教师发展的比例达 37.8%，调整残差为 2.6，理工科教师认为比较重视的比例只有 18.8%，调整残差为 -2.7；在"不重视"选项上，人文社科类基础课教师的比例为 8.8%，调整残差为 -0.3，理工科专业课教师的比例为 27.4%，调整残差为 2.9。

表 3—13　　　　　　　　职称＊学校对教师发展重视度卡方检验

	值	df	渐进 Sig.（双侧）
Pearson 卡方	39.444[a]	24	0.025
似然比	38.061	24	0.034
线性和线性组合	1.268	1	0.260
有效案例中的 N	507		

说明：a. 16 单元格（45.7%）的期望计数少于 5。最小期望计数为 0.03。

3. 教师发展政策的完善度

42% 的调查者认为学校的教师发展政策（培训体制）非常完善或比较完善，但也有 34% 的调查者认为学校关于教师发展的政策（培训体制）不完善或很不完善（见图 3—15）。

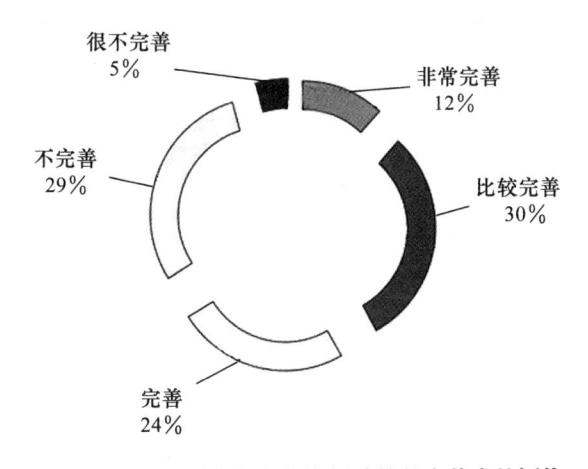

图 3—15　教师对学校教师发展政策的完善度的评价

进一步分析发现,不同职称的教师对学校教师发展政策的完善度评价的差异不显著,而不同学科的教师对学校教师发展政策的完善度评价存在明显差异(Pearson 卡方值为40.290,自由度为18,双侧显著性系数 Sig 为0.002),从交叉表分析可以看出,人文社科类教师认为非常完善、比较完善和完善的比例明显高于理工科教师,相反在认为"不完善"的选项上,理工科教师比例明显高于人文社科类教师(见表3—14)。

表3—14　　　　从教科目＊培训体制是否完善交叉表　　　　　(人)

从教科目			政策完善度				
			非常完善	比较完善	完善	不完善	很不完善
	人文社科类基础课	计数	15	38	29	27	3
		教科目 中的%	13.4	33.9	25.9	24.1	2.7
		调整残差	0.7	1.5	0.4	-1.6	-1
	人文社科类专业课	计数	21	45	29	29	2
		教科目 中的%	16.7	35.7	23.0	23.0	1.6
		调整残差	2.1	2.2	-0.4	-2	-1.8
	理工科基础课	计数	11	30	29	43	5
		教科目 中的%	9.3	25.4	24.6	36.4	4.2
		调整残差	-1	-1.1	-0.2	1.3	-0.2
	理工科专业课	计数	8	22	29	45	11
		教科目 中的%	7.0	19.1	25.2	39.1	9.6
		调整残差	-1.8	-2.6	0.2	2.3	3.1
合计		计数	55	135	116	144	21
		教科目 中的%	11.7	28.7	24.6	30.6	4.5

4. 教师对相关政策的了解度

关于对教师培训与发展政策的了解情况,13%的教师"非常了解"学校支持教师发展的政策,"比较了解"学校政策的占35%,对学校政策"了解一些"的占35%,而"不了解"和"了解很少"的教师占17%(见表3—15)。说明50%以上的老师对学校相关的支持政策不够了解,更不能充分利用学校对教师发展的支持政策促进个人发展。

进一步分析发现,与对学校重视度、政策完善度的评价相一致,不同职称的教师对学校政策的了解程度不存在显著差异,而不同学科的教师对学校政策的了解程度存在明显差异(Pearson 卡方值为43.678,自由度为15,双侧显著性系数 Sig 为0.000)。人文社科类教师对学校政策的了解度明显高于理工类教师,在"非常了解"选项上,人文社科类基础课教师占比最高(比例为19.5%,调整残差为2.5),理工科基础课教师占比最低(比例为6.5%,调整残差为-2.5);在"比较了解"选项上,人文社科类专业课教师占比最高(比例为43.3%,调整残差为2.7),理工科专业课教师占比最低(比例为28.2%,调整残差为-1.4)。

表3—15　　　　　　　教师对学校政策的了解状况　　　　　　　(%)

	频率	百分比	有效百分比	累计百分比
非常了解	65	13	13	13
比较了解	176	35	35	48
了解一些	180	35	35	83
了解很少	64	13	13	96
不了解	23	4	4	100

(四)个人发展

个人发展是指与教育教学相关的职业素养、工作压力、师生关系及交流沟通能力等的发展。本研究从教师职业素养、工作压力、师生关系及交流沟通能力、教学评价四方面进行调查分析。

1. 职业素养

对教师职业素养的调查,分别从教师、学生两方面进行。在对教师的调查中,关于一名合格的大学教师应具备的最重要的两项职业素养,被调查对象选择渊博的专业知识的占66%,选择高尚的道德情操的占57%,选择强烈的敬业精神的占26%,选择高超的教学艺术的占19%,选择超前的创新意识、无私的奉献精神的均为11.8%。

而被问"是否有意识将思想政治教育或人生观价值观教育引入专业课程教学中"时,70%以上的教师表示能一直或经常如此,另有25%的教师表示偶尔如此。

进一步分析发现,对于教师职业素养的认知,不同职称的教师不存在显著差异；而不同学科的教师，在教师的首要品质为"高尚的道德情操"选项上存在显著差异，选择该项的人文社科类基础课教师的比例最高，为65.2%，调整残差为1.7，理工科基础课教师所占比例最低，为43.3%，调整残差为-3.3。

在对学生的调查中，88%的同学认为"渊博的专业知识"最为重要，排名第一，"高尚的道德情操"位列第二，占77.4%，"高超的教学艺术"和"强烈的敬业精神"分别占66%和64%，为进一步挖掘作为一名好教师的基本素质，调查组又与部分教师做了深度访谈，被访谈教师主要的观点集中在个人知识和人格特点方面。在个人知识方面主要体现为：知识渊博、知识丰富、知识储备厚重等；在人格特点方面主要体现为：和蔼可亲，有爱心、责任心和自信心，有人格魅力等。

2. 工作压力

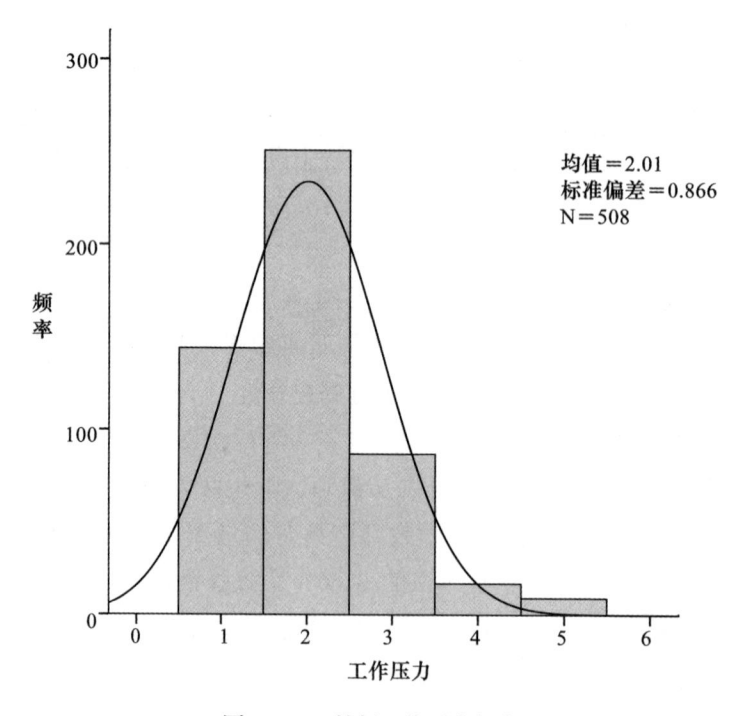

图3—16 教师工作压力频率

在对教师的调查中，77.8%的教师认为工作压力较大或很大；进一步分析发现，压力的主要来源为科研、教学和考核，分别占比为66.9%、

56.7%、47.1%。用卡方检验分析，工作压力和性别的显著性水平为 Sig=0.094>α=0.05，二者不相关；与职称等级、学科类别弱相关。对于影响科研工作的因素，被调查者认为教学工作量太大是首要因素，其次是客观科研条件的限制，最后是个人科研方向不够明确。从不同的从教科目教师来看，理工科专业课教师认为工作压力很大和较大的为80%，基础课教师为75.6%；人文社科类专业课教师为77.8%，基础课教师为72.6%。可以看出，不同学科教师的工作压力差距不大，总体来看，专业课教师的压力略高于基础课教师。

3. 师生关系及交流沟通能力

师生关系是影响学生学习的主要因素之一，研究表明，良好的师生关系可以促进学生学习，使他们取得较好的学习效果。样本高校的教师与学生的关系基于教师自我认知，近一半的教师认为能了解学生并能很好地沟通（48.8%），基本了解学生但不能很好沟通的教师占36.3%；不了解学生但能很好沟通的教师占5.7%，不了解学生但能一般性沟通的占4.7%，只有4.5%的教师认为既不了解学生也不能沟通。从表3—16可以看出，高级职称教师和未评职称的年轻教师了解学生以及和学生沟通较好，讲师和助教了解学生及与学生沟通欠佳。

在问及了解学生以及与学生交流的途径时，近50%的教师表示通过答疑、辅导功课与学生联系，30%的教师认为是通过参加学生活动，不到20%的教师认为了解学生是通过与其聊天谈心，除上课外，基本不和学生联系的教师占5%左右。进一步分析发现，性别与师生关系呈显著相关，且男教师对学生的了解、与他们的沟通更好一些，但性别与和学生联系的途径不相关。其他个人特质，如职称、年龄、任教学科等与师生关系均不相关。

对于不同任教科目的教师，人文社科类基础课教师和理工科专业课教师能更好地了解学生并能和学生进行沟通，人文社科类专业课教师及理工科基础课教师较弱。分析其原因，也许与课程性质及课程学分相关，人文社科类基础课及理工科专业课课程多为必修课且学分较多，并且这两类教师一类是科研较弱群体，一类是科研较强群体，也即科研较弱群体将主要精力用于教学，加强与学生沟通即为他们所看重，而科研较强的群体一方面可以通过科研合作加强与学生沟通，另一方面由于科研成绩的突出，可以使学生主动追随和敬仰，学生能主动与教师接触，以改善师生关系。从学生方面的调查发现，只有6%的学生认为师生能相互了解并很好沟通，24.7%的学生认为基本了解并能基本沟通。与教师评价相比，教师的评价要比学生的评价乐观得多（见表3—17）。

表3—16　　　　　师生课下联系方式统计情况　　　　　　（人）

人员类别		了解学生并能很好沟通	占百分比（%）	基本了解学生但不能很好沟通	占百分比（%）	不了解学生但能很好沟通	占百分比（%）	不了解学生能一般性沟通	占百分比（%）	不了解学生也不能沟通
职称	教授（正高）	20	57.1	13	37.1	2	5.7	0	0	0
	副教授（副高）	78	56.1	45	32.4	9	6.5	7	5.0	0
	讲师（中级）	112	46.7	100	41.7	14	5.8	13	5.4	1
	助教（初级）	29	51.8	19	33.9	4	7.1	4	7.1	0
	未评职称	8	53.3	7	46.7	0	0	0	0	0
最高学位	学士	38	55.9	22	32.4	3	4.4	5	7.4	0
	硕士	156	50.2	118	37.9	18	5.8	18	5.8	1
	博士	54	50.5	44	41.1	8	7.5	1	0.9	0
从教科目	人文社科类基础课	65	59.6	38	34.9	2	1.8	4	3.7	0
	人文社科类专业课	59	48.4	50	41.0	7	5.7	6	4.9	0
	理工科基础课	50	44.2	47	41.6	7	6.2	8	7.1	1
	理工科专业课	59	50.9	40	34.5	12	10.3	5	4.3	0
性别	男	129	54.9	87	37.0	12	5.1	6	2.6	1
	女	119	47.6	97	38.8	17	6.8	17	6.8	0
年龄分组	30岁及以下	47	52.8	32	36.0	6	6.7	3	3.4	1
	31—40岁	131	50.6	94	36.3	18	6.9	16	6.2	0
	41—50岁	55	47.0	53	45.3	4	3.4	5	4.3	0
	51岁及以上	16	69.6	6	26.1	1	4.3	0	0	0

进一步分析发现，学生的性别、专业（学院）与师生关系显著相关，即不同性别的学生与教师的关系明显不同，男生认为与教师的关系好些，男生认为和教师能了解和沟通的比例比女生高5%。

表3—17　　　　师生关系——教师与学生评价对比情况　　　　（%）

	学生评价	教师评价
相互了解	6.0	48.8
基本了解	24.7	36.3
了解很少	25.4	5.7
不了解能沟通	27.4	4.7
不了解基本不沟通	16.5	4.5
合计	100.0	100.0

4. 教学评价

关于教学评价，首先，从学生的教学评价角度分析，调查发现教师和学生都对学生评教的可信度评价较低，只有43%的教师认为学生评教具有可信度，46%的学生认为学生评教可信。当问及不可信的原因时，教师主要认为学生评教和对学生的严格要求程度、授课内容的难易程度等有密切关系，还有评教制度不够完善，教师和学生的重视程度不够，评教与教师的考核、绩效等没有直接联系等都造成评教可信度不高；而学生则认为，评得不好怕挂科、交上去老师没什么改变，应付、盲目填写、不认真、随意而为，不够理性等是学生评教不可信的主要原因。

其次，对于学校进行教师评价的目的，有39.4%的教师认为能提高教师绩效，59.6%的教师认为能帮助改进教学，38.7%的教师认为是出于监控教师的目的，19.2%教师认为是晋升的依据。认为评价是奖励依据的教师占15.9%、是处罚依据的占8.6%，认为能作为培训学习依据的教师占9.8%。可见，对于教师评价结果的利用还有待改善。

同时，被调查教师认为，科学、客观、公正的教学评价机制是最有利于教师发展的学校氛围，占51.6%，其次是和谐的人际关系，占47.5%，只有25.1%的被调查者认为良好的竞争激励机制是有利于教师发展的学校氛围，35%的教师认为学习型学校建设有利于教师发展。

另外，访谈中还发现，教师对高校教师发展的概念和内涵了解甚少，当向被调查者介绍教师发展的内涵后，他们认为专业发展是最受关注的内容；关于教师发展，被调查者认为由于专业分类的不同、发展阶段的不同，应该有所侧重。但目前学校缺乏相应的政策引导，教师发展仍以"评职称"为目标，追求专业发展，特别是科研能力的提升。

深入分析可以看出，科研工作是影响教师发展的关键因素，职称评聘、教师考核、岗位聘任无不与科研相关，就目前高校教师考核与评价的指标体系看，很易形成重科研而轻教学的局面，这和科研成果较易量化、教学效果不易量化且具有滞后性关系密切；另外，ZY大学是教学型高校，师生比达1：18以上，教学工作量大，从问卷调查分析得知，人文教学工作需要花费教师很多的时间和精力，因此大部分教师认为教学任务重成为制约科研能力提升的主要影响因素；此外，科研平台、实验条件的限制也是很重要的原因。

三　发展项目

目前，对于工科类地方本科高校，促进教师发展的项目主要有新教师入职培训、师德培养、学历学位进修、实践能力锻炼、教学技术与方法培训、国内访问学者、国外访问学者、合作研究、校际交流等形式。近年来，工科类地方本科高校为促进教师发展，还积极开发适合本校特色的教师发展项目，如优秀教师教学观摩，实行青年教师导师制，师德报告团巡讲，工程实践能力培养，国外合作教学，合作科研，特聘教授联合培养博士研究生、博士后等，为教师发展提供机会和支持。

教师发展项目主要是促使教师具备履行岗位职责的素质、知识和能力。不同的教师发展项目，培训的内容不同、目的不同，时间、地点等也各有差异。下面主要对教师对发展项目的选择以及愿意参加培训的时间、地点等进行调查。

（一）教师最愿意参加的培训项目

调查发现，对于学校组织的教师发展项目，教师最乐意参加的项目排序（前三项）是：国外访问学者（51.2%）、国内访问学者

(47.2%)、学历学位进修（44.7%），排在第四位的是实践能力锻炼项目（42.2%）；而被认为应该积极参与、提高其教学技能的新教师入职培训、师德培养是教师最不愿参加的教师发展项目；愿意参加教学技术与方法培训项目的教师比例约为30%。具体如图3—17。

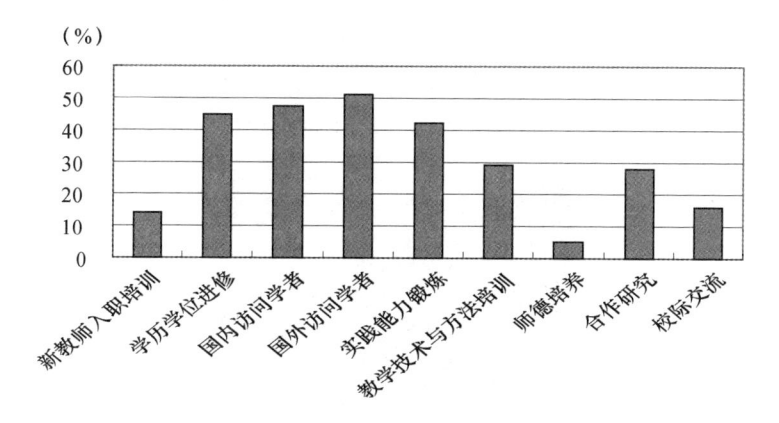

图3—17 教师愿意参加的发展项目

进一步分析发现，对于不同发展阶段的教师，只有从教时间与学历学位进修具有显著相关性，其显著性系数为0.033，入职3—10年的教师选择学历学位进修的比例最高，达50.4%。不同性别的教师与参加项目不存在显著相关性。

不同学科的教师，在学历学位进修、国内访问学者、合作研究与校际交流项目的选择上存在一定差异，例如，人文社科类专业课教师愿意参加学历学位进修的达52.8%，而理工科专业课教师愿意参加学历学位进修的只有29.9%；理工科专业课教师愿意参加国内访问学者项目的比例最低，为36.8%，理工科基础课教师的比例最高，为54.5%。

对于不同学历学位的教师，具有博士学位的教师更愿意参加访问学者类型的项目。调查发现，愿意参加国内访问学者项目的博士占49.1%，愿意参加国外访问学者项目的博士占55%；具有硕士学位的教师在攻读学位及参加实践能力提升项目上积极性最高。

（二）参加培训的地点

对于教师参加培训的地点，问卷以"国外高校""国内知名高校"

"科研机构""相关企业""领导指定，个人无所谓"为选项进行调查，发现希望去国内外高校的教师占81%，其中想去国外高校的占41.2%（见图3—18）。

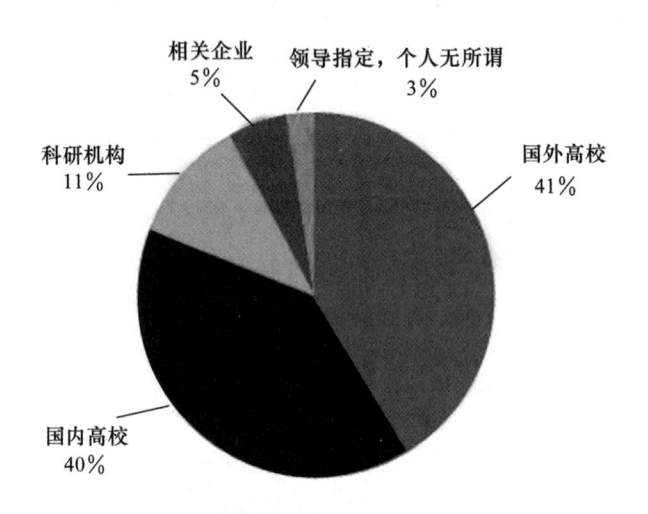

图3—18　愿意参加培训的地点分布情况

调查发现，教师最理想的学习培训地点为国外高校，以及国内知名高校，分别占41%和40%，作为工科类高校教师，愿意到企业参加学习培训的比例并不高，只占到5%。进一步分析发现，不同学位、从教科目科的教师，选择参加培训学习的地点有所差异，如表3—18所示。

对于"提升个人科研能力的最好途径（限选两项）"，校外交流和加入团队被认为是最好的途径，分别有55%、52%的教师选择；其次是校内交流和独立钻研，分别有28%和21%的教师选择；选择通过学历提升途径提高科研能力的占14%，选择专家指导的只有13%。这与愿意参加培训的地点为国内外著名高校的调查结果一致。

从表3—18可以看出，工科类地方本科高校教师到科研机构和企业一线参加学习培训的积极性不高，当然到国内外知名高校培训学习也可以提高相应的实践能力，但更主要的是科研能力，与国内外知名高校相比，工科类地方本科高校培养的是应用技术型人才，是企业一线的技术人员，而教师缺乏的正是企业的锻炼与实践，因此工科类地方高校教师为满足人才培养的需要，去企业训练是必须要补上的一环。

表 3—18　　　　　　不同学位、学科教师 * 进修地点交叉表　　　　　（人）

			进修地点				
			国外高校	国内高校	科研机构	相关企业	领导指定，个人无所谓
最高学位	学士	计数	24	29	5	3	3
		最高学位 中的 %	37.0	45.3	7.8	4.7	4.7
		调整残差	-0.6	1	-0.9	-0.3	1.3
	硕士	计数	119	117	35	12	6
		最高学位 中的 %	41.2	40.5	12.1	4.2	2.1
		调整残差	-0.5	0	0.7	-1.7	-0.7
	博士	计数	46	36	11	10	2
		最高学位 中的 %	43.8	34.3	10.5	9.5	1.9
		调整残差	1	-0.9	-0.1	2.2	-0.3
从教科目	人文社科类基础课	计数	43	36	4	3	2
		从教科目 中的 %	48.9	40.9	4.5	3.4	2.3
		调整残差	0.2	-1.1	-2.7	-1.2	-0.1
	人文社科类专业课	计数	54	50	11	3	3
		从教科目 中的 %	44.6	41.3	9.1	2.5	2.5
		调整残差	1.4	0.8	-0.7	-1.5	0.5
	理工科基础课	计数	36	59	13	5	2
		从教科目 中的 %	31.3	51.3	11.3	4.3	1.7
		调整残差	-2.2	3	0.1	-0.5	-0.2
	理工科专业课	计数	47	30	21	12	2
		从教科目 中的 %	42.0	26.8	18.8	10.7	1.8
		调整残差	0.7	-2.8	3.2	3.2	-0.1

（三）参加培训的时间

对于培训的时长，28.6% 的教师希望参加一年以上的培训项目，41.8% 的教师认为半年到一年的时间较为合适。教师愿意参加培训的时长分布如图 3—19。

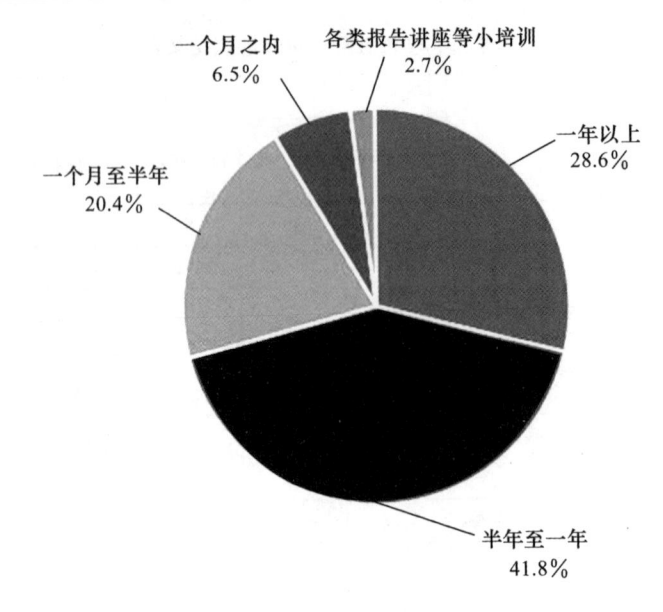

图 3—19　教师愿意参加培训时长分布

第三节　调查结论及分析

一　群体职业认同度高，年轻教师职业认同度较低

从教师的职业兴趣调查看，90%的教师从事高校教师职业是源于个人兴趣，其中非常感兴趣的教师占 40.7%。这表明工科类地方本科高校教师总体来讲具有较强的职业认同感，热爱教师职业，并且大部分教师对学校的忠诚度较高，分析原因，和近年来我国高校教师实施的公开招聘、双向选择直接相关，双向选择为广大愿意从事高校教师职业的专业人员提供了机会。根据全视角学习理论，职业认同是学习动机的原点，特别是职业认同对职业道德的培养尤为重要，高度的身份认同和职业荣誉感能更好地激发高校教师发展的内需力，促进教师自我反思。

但对于不同年龄、职称、从教科目的教师，职业认同度和发展目标有一定差别，相比而言，年轻教师的职业认同度较低。30岁以下青年教师中，对教师职业非常感兴趣的占 20.4%，有一定兴趣的为

16.3%，与教师群体的职业认同度相差甚远。分析原因，年轻教师主要是应届研究生毕业，没有生活阅历和工作经验，面对入职后的各种压力缺乏足够的心理准备。而年轻教师是目前高校发展的主体力量，是教师发展工作关注的重点群体，但较低的职业认同不能有效激发教师的自主发展动机，因此，年轻教师发展需要外力的助推，学校应采取相应措施，提高年轻教师发展的"内需力"。从调查结果看，如新教师入职培训项目，主要面对应届毕业入校的年轻教师，只有14.2%的教师乐意参加，教师参与的积极性不高，参加项目不是由内因驱使，而是来自外因的推动，为完成学校规定的任务而参加，效果不够理想也就不言自明。

二 发展定位高，阶段性目标不清晰

67.8%的教师职业目标定位是成为社会知名的教育者或成为广受欢迎教师，只有3.1%的教师考虑转行，认为教师只是职业跳板。可以看出，高校教师发展定位高，且比较明确。但不同发展阶段的教师，发展目标不一样。例如，将不同职称，或者不同从教时间的教师，与教师发展项目进行相关性分析，发现职称及从教时间分段只与学历学位进修有显著相关性，而与其他形式的进修培训项目不存在显著相关性（见表3—19）。可以看出，教师并没有将自己最终的发展定位分解在不同的发展阶段，分步实现，对参与发展项目缺乏目的性，具体的阶段发展目标不清晰。

为进一步了解不同发展阶段教师的目标定位，在进行问卷调查分析后，我们选择不同年龄组或不同职称的教师进行访谈。在访谈中了解到，多数教师并没有具体的阶段性发展目标，教师参加进修培训，源于目前的考核、评价制度的压力，最主要的是职称晋升的需要。例如，由于工科类地方高校教师教学任务繁重，教师参加访问学者项目及进行学历提升，为的是能静下心做科研，以满足职称评审条件要求；学习外语是为了出国访学，进而提高科研水平，满足晋升高一级职称的需要等。教师并没有分析自身优劣势，制订适合自身发展的目标，发展原动力不足，教育教学研究只为评职称，个人从事研究的兴趣不浓，研究团队松散。例如，从每年职称评定时的个人材料来看，有些教师研究方向分散，只为满足晋升条件，但在某一方向上的研究不深入，以至于评上职称后就没有兴趣做深入的钻研。教师个体职业发展规划不具体，甚至茫然、跟着感觉走，只是做好学校要求的工作和评职称，对学校的发展定位理解不深入，对如何成为一名优秀的工科类地方本科高校教师缺乏系统思考与规划，并没有更高的价值追求，甚至个人成长与学校事业发展不协调，如对近期（1—3年）、中期（4—10年）、长期（11—20年）的发展目标，终极目标没有系统思考，发展的道路上缺乏灯塔的指引，出现认知模糊、盲目乐观、定位不清等问题。例如，对于实践能力的提升，不同发展阶段教师的需求并没有明显差别。

表3—19　　　不同职称、从教时间＊培训项目相关性分析

		职称	从教时间分段
入职培训	Pearson 相关性	－0.057	0.039
	显著性（双侧）	0.203	0.382
	N	507	510
学历学位进修	Pearson 相关性	0.192**	－0.101*
	显著性（双侧）	0	0.022
	N	507	510
国内访问学者	Pearson 相关性	－0.013	－0.015
	显著性（双侧）	0.767	0.738
	N	505	508
国外访问学者	Pearson 相关性	－0.048	0.016
	显著性（双侧）	0.281	0.722
	N	507	510
实践能力锻炼	Pearson 相关性	－0.032	0.035
	显著性（双侧）	0.475	0.426
	N	506	509
教学技术与方法	Pearson 相关性	0	0.043
	显著性（双侧）	0.995	0.333
	N	507	510
师德培养	Pearson 相关性	－0.034	－0.024
	显著性（双侧）	0.448	0.595
	N	507	510

续表

		职称	从教时间分段
合作研究	Pearson 相关性	-0.018	-0.005
	显著性（双侧）	0.688	0.909
	N	507	510
校际交流	Pearson 相关性	0.089*	-0.052
	显著性（双侧）	0.046	0.239
	N	504	507

注：*表示在0.01水平（双侧）上显著相关。**表示在0.05水平（双侧）上显著相关。

三 发展内容不均衡，教学发展、个人发展内容弱化

从调查情况看，由于职称等高校教师评价、晋升制度的影响，教师专业发展的积极性较高，而对于教学发展、个人发展方面的内容，积极性不够，缺乏"内需力"，分析其原因，在于教学发展主要是工科类地方本科高校教师的自我认知较高，尤其在教学发展方面，如在学生易于感知的教学观念、现代教育教学能力、双语教学能力等教学发展指标上，教师的自我认知明显高于学生评价。

根据全视角学习理论，成人学习的动力来自个体需要，需要激发学习动机，需要决定学习内容，而在自我认知较高的情况下，教师发展就缺乏"内需力"。从调查和访谈情况看，教师发展的"内需力"主要来自职称评聘，也就是教师在学术职业阶梯上的晋升。别敦荣教授等在《论学术职业阶梯与大学教师发展》一文中指出，学术职业阶梯是人们根据学术职业特性为从业者所设计的共同标识和职业规划，对大学教师的发展及其生存方式有着重要影响。[1] 在目前高校教师职称评聘体制下，高校教师职称评聘的指挥棒作用已无可替代，教师发展以职称评聘为导向已被广泛接受。但值得注意的是，在我国目前的学术职业阶梯晋升过程中，教育教学业绩的评价弱化，专业发展中的科研指标强化并占据主导地位，这也就导致教师对教学发展的自我认知较高，对教学发展的"内需力"

---

[1] 别敦荣、陈艺波：《论学术职业阶梯与大学教师发展》，《高等工程教育研究》2006年第6期。

低,对专业发展,特别是科研能力的提升方面更加关注,"内需力"较高,因此教师的压力主要来自于科研而非教学。

另外,对于不同的教师群体,如不同职称的教师自我认知有明显差异。例如,具有教授职称及未评职称的教师对更新教学观念的认知度明显高于讲师和助教,在选择能"非常主动"更新教学观念的教师中,教授占比最高,为48.7%,其次为未评职称教师,占比为43.8%,副教授、讲师、助教分别占比为36.4%、27.5%、26.7%;在密切结合学科前沿知识方面,教授占比最高,为55%,副教授次之为37.1%,讲师占比为18.6%,助教为29.5%,未评职称教师占31.3%。可以看出,讲师的自我认知最低,其次是助教。

分析原因,主要是近年引进的年轻老师,多是来自学术研究型高校或科研院所,由于我国研究生教育制度限制(除师范教育外,研究生教育并没有关于高等教育理论的课程),不少教师不了解高等教育教学理论与方法,而他们毕业后进入高校工作,认为已经历试讲、面试等环节,又具有较高的学历学位(博士、硕士)和较强的学术水平,教学工作可以胜任,所以刚入校未评职称的年轻教师的自我认知较高。但随着教学实践的深入,他们发现教学工作,并不如想象的那么简单,教学理念和教学设计还需要下大力气,要不断学习教育理论、改进教学方法,因此,就出现了助教,特别是具有讲师职称的青年教师的认知反而较低的现象。

四 项目实施过程僵化,缺乏针对性

在工科类地方本科高校,目前开展的促进教师发展的项目分为岗前培训和在岗培训两大类。岗前培训时间短,一般为一个星期左右的时间,属于新教师适应性培训项目,内容包括学校规章制度、师德修养、教学设计、教师礼仪等,以课堂讲授学习为主,形式单一,基本没有互动、研讨、交流等环节设计,项目缺乏活力。在岗培训,一般包括攻读博士学位、国内外访问学者等传统项目,以专业发展为主,对提升教师的科研能力起到很好的推动作用,但由于国家政策的限制,这些培训项目的教师参与人数有限;而教学理念、教学技巧、多媒体使用等促进教师教学发展的项目,多以报告形式进行,内容缺乏针对性,特别是对教师的教学咨询、教学指导及学生评价、反馈沟通技巧等具有个体特点的发展项目，开发较少，内容僵化，教师参与的积极性不高，效果不够理想。例如，只有不到 30% 的教师愿意参加教学技术与方法培训的项目，对于课程评价以及指导学生的能力，分别有 13%、21% 的教师认为需要提升，对于入职培训项目，愿意参加的教师不足 15%。

在访谈中，教师们认为，参加的教学项目缺乏针对性，如教育学和心理学知识的培训，缺乏对教师实际教学工作的针对性，并且以讲授为主，作用不大，甚至不如教师通过自学、反思、总结提高自己的教学能力；在新入职教师岗前培训中，教师职业生涯理论、教师礼仪等方面的内容，能切合教师职业要求，促进他们尽快转变角色、适应教学岗位，并将会影响他们以后在教育教学工作中有意识地学习和掌握教育基本理论知识，还是比较受欢迎的。也就是说，如果学校提供的教师发展项目正是参加教师在教学上所需要的，那么，就能激发教师参与的积极性，效果就比较理想；但如果实施的教师发展项目对教师的教育教学能力的提升没有起到实质性的帮助，就会产生负面的消极影响，教师们只是完成任务，并感到负担增加。这与国外学者通过对美国 24 所院校中的各种教师发展项目进行研究发现的"学校提供给教师的教学发展项目如果能帮助教师解决他们教学工作中面临的问题，并能通过适当的形式吸引教师参加，那么对教师的教学就会产生积极的激励作用，项目的持续性和获得的资助（经费来源）也会更大"[1] 不谋而合。

克拉克（Burton R. Clark）提出，"大学天然是由'爱'维系的不可分割的组织……与公司、公共机关、工会和大多数其他组织相比，大学的情感联系更为强烈"[2]。大学教师与学校高度的情感联系使他们在价值观、信仰上有着高度的一致性，[3] 既有在教学、专业上的积极进取、期望成功的现实需要，更有着自我发展和组织归属的内在需求。成人学习理

---

[1] Eble, K. E. & Mckeachie, W. J., *Improve Undergraduate Education through Faculty Development*, San Francisco: JosseyBass, 1985, pp. 3–15.

[2] ［美］伯顿·克拉克：《高等教育系统——学术组织的跨国研究》，王承绪等译，杭州大学出版社 1994 年版。

[3] 刘小强、沈文明：《两种人：大学群体文化的分裂与跨越——大学行政人和学术人文化差异的实证研究》，《中国高教研究》2013 年第 11 期。

论认为，成人学习以问题为中心，追逐他们的生活目标，因此教师发展项目的设计要符合成人学习的特点。如 ZY 大学教师多数愿意参加高水平学术交流及国内外访问学者项目，以提升科研能力，特别是通过进修培养，尽快满足晋升高一级职称的条件要求，这是符合教师个人及学校教师评价现状的。对于出国进修、访问学者等项目，调查结论与工作实际存在很大差距。调查发现教师参加的意愿高于教师的实际行动，每年申报出国进修、访学的教师数量不多，究其原因，是教师缺乏更高层次的需求，因为出国、访学等高层次发展项目需要教师付出更多的劳动，如学习外语，如果教师没有更高的价值追求，自主发展的动力不足，是很难坚持的。

按照教师成长规律，在不同的阶段教师的需求不同，选择的发展方式也不同。因此，对于处在不同职业发展阶段的教师，需要不同形式、不同内容的培养和指导；职责不同、个人发展期望不同、学生评价不同、价值取向不同，对发展项目的需求各有差别；对不同专业、学科的教师，需求也有差异，发展项目设计应有相应区别。因此，教师发展项目设计要结合教师职业发展阶段和成人学习理论，充分了解教师需求，对不同的教师群体，有针对性地设计教师发展项目，如开发分学科、个性化的教师发展项目，加强情感联系的纽带，进一步提升教师职业认同感，引导教师追求更高的生命价值，激发教师发展的原动力。

五 组织机构不健全，专业人员缺失

近几年，在国家政策的推动下，不少高校相继成立教师发展中心等机构，但在工科类地方本科高校，教师发展机构仍不健全，有的高校虽然设立了相应机构，但一般与其他部门如人事处、教务处等合署办公，缺乏专业从事教师发展工作的人员，开展的实质性工作不多；有的高校还没有设立专门机构，如 ZY 大学的教师发展工作还是由人事处负责，教务处、科技处、教学评估中心等部门合作进行，仍沿袭传统的师资管理理念，更缺乏从事教师发展工作的专业人员。工科类地方本科高校教师发展组织机构仍很不健全，专业人员少，高校教师发展制度设计缺乏系统性，教师发展工作推进有待加强。

从调查情况看，目前，高校管理人员的专业化程度低，高校"双肩挑"现象普遍,特别在工科类地方本科高校尤为严重,人事、教务等部门的主要领导一般是从具有教授、副教授职称的各学科专业教师中选拔的,他们对专业的钟爱使他们无法舍弃专业研究,全身心地投入管理工作,甚至有领导将管理工作表述为"出力不打粮食的活儿",教师发展工作,被认为是"为他人作嫁衣,而自己成了剩女"。形象的表述可见其心中的痛苦。从事一般管理工作的专职人员也很少具有相应的教师发展理论,以及教育管理、学习理论、人力资源管理与开发理论的指导,对教师发展的基本情况了解不够,仍然停留在完成相应的指令性培训项目,任由教师自由发展的阶段,缺乏结合学校人才培养定位和本校教师需求,开发适合本校教师发展特点的项目的专业能力和积极性。而基层学术组织如院系、学科组、课程组由于教学工作任务重,科研导向的绩效考核等,积极性也不高。因此,高校开展的实质性教师发展工作不多。

第四章

高等教育发达国家教师发展实践研究

高校教师发展研究是一项实践性研究，已得到世界范围的共同关注。然而，对于如何促进高校教师发展，不同国家有不同的选择和实践。在高等教育发达国家，对高校教师发展已达成"制度与大学教师发展共生共存"[①]的共识，也形成了比较成熟的模式和做法。有针对性地研究不同国家高校教师发展的工作实践，学习高等教育发达国家的先进经验，对促进我国高校教师发展具有重要意义。基于此，本书以"自由自主"为特征的美国、以"国家主义"为特征的德国，以及具有"东方文化"特征的日本作为案例，通过对美国、德国、日本高校教师发展制度的研究，梳理它们在高校教师发展方面的成功经验，以期为我国高校教师发展工作提供借鉴。

第一节 美国高校教师发展

1810 年，哈佛大学为鼓励教师提升个人能力，实施教师学术休假制度，成为美国高校教师发展制度的起源。第二次世界大战后，美国高等教育发生巨大变化，入学学生水平参差不齐，规模迅速扩大，教育质量

---

① 张德良：《国际视野下大学教师专业发展制度及对我国的启示》，《现代教育科学》2011 年第 3 期；孙敬霞：《美国高校教师发展制度及其启示》，《河南教育学院学报》（哲学社会科学版）2013 年第 1 期。

滑坡。为适应高等教育发展新形势，美国高校开始教师发展的研究与实践工作，帮助教师提高教学技能以适应新形势，提升学校教育质量。

一 组织机构及其职责

组织机构是实施和执行高校教师发展活动的基础。美国最早的教师发展任务由院系负责，认为教师是专业化人员，拥有较大的教学与研究自主权。在20世纪70年代后，这种观念发生转变，教师发展的任务逐渐由新成立的教师发展中心或教学中心负责，并提出教师虽拥有丰富的知识，但并不是天生就会传递知识，即使是"天生的好老师"，也还有很大的提升空间。基于此，美国高校成立教师教学发展中心、教与学中心等机构，帮助教师提升教学技能，促进教师全面发展。

美国的高校教师发展组织机构有校内机构、专业协会、社会服务公司以及相关基金会等，全社会共同参与，形成促进教师全面发展的网络体系。早期，美国高校内部教师发展机构的组织形式一般是一位院长或管理人员负责，后来，随着高校教师发展工作的推进，很多高校成立教师发展中心或教师发展委员会，聘请专家负责教师发展。教师发展中心根据学校发展需要和教师个体特点，开发适合本校教师发展的项目，并组织实施，同时，教师发展中心一般还进行教学评估和学生学习效果、教师满意度等调查研究活动，以及教师咨询活动等，以改进教师发展工作，为学校提供决策支持。

如成立最早的密歇根大学学习与教学研究中心本着支持和改善学习与教学效果的使命，致力于营造奖励教学、尊重个体差异、共同学习、提高、创新的校园环境。哈佛大学博克教学中心秉承"好老师不是天生的，知之者不如行之者"的理念，全力帮助教师改进教学，不仅帮助本校教师，还努力帮助其他高校筹建教师发展中心，推广成功经验，发挥教师发展领头军作用。普林斯顿大学麦克格劳教学与学习中心成立于20世纪末，一直致力于帮助、支持研究生以教师身份进行教学实践，并培养本科生作为学习者进行全面发展。斯坦福大学的教师发展中心兼顾教师个人发展、教学发展以及组织发展，重视提升教师自我学习与自我发展能力，将增进教师的幸福、打造卓越的生涯与塑造成功的大学等目标有机结合，从而促使教师取得更杰出的学术和教育成就，同时也为斯坦福大学保持世界一流水平提供了有力的支撑。

与此同时，高校教师发展也得到美国政府和社会组织的极大关注。为促进高校教师发展，美国教育部设立全国教师发展基金会，基金会通过对申请资助项目的审批、检查、评估验收等，影响高校教师培训内容和发展方向。所有高校都可以申请基金资助项目。1977年，成立全美教师、专业及组织发展协会（NCSPOD），设立奖项，鼓励开展教师发展活动，表彰在教师发展、专业发展和组织发展中取得突出成绩的高校和个人，并为高校教师发展工作者提供集中培训，指导教师发展工作者开展与实施教师发展项目相关的工作等，集中培训为期1年，完成所有活动的教师发展工作者获得由 NCSPOD 颁发的认证证书；并出版《NCSPOD 时事通讯》《教师发展工作者指南》等刊物，以增加会员之间的交流，推广教师发展经验，为改善相关教师发展项目活动提供可行建议。另外，美国社会上还有专门从事高校教师发展工作的专业机构和基金会，根据高校或教师的具体需求，为教师提供个性化需要的短训班、研讨班，出版学术著作和咨询服务，参与高校教师培训，促进教师发展。如布什基金会、李列捐赠基金会、丹弗斯基金会等，为教师发展提供项目支撑和经费资助，共同促进美国高校教师发展。

美国高校教师发展机构最早起源于研究型大学，主要以提升教师教学能力为目标，但随着教师发展研究与实践的深入，教师发展中心的职责进一步深化，目前，美国高校教师发展机构的职责已扩充至不仅关注教师教学发展，还关注教师职业生涯的全过程，包括身心健康、心理咨询等；还为研究生发展提供服务，为学生学习提供咨询，为建立有效的教学与学习环境而努力。

二 教师发展模式与方法

有效的模式与方法是促进教师发展的关键，由于美国高校教师发展内容丰富，形式多样，下面主要介绍美国高校内部教师发展工作的运行模式及主要方法。

（一）美国高校教师发展模式

美国高校教师发展是高校的自发行为，为提高高校教师素质，提高教育质量，提升高校竞争力而实施，因此，教师发展模式因各高校的定位、人才培养目标、校园文化等多种因素的影响，活动形式也各异。

常见的美国高校教师发展模式主要有校园中心模式、多校区合作模式、特殊中心模式，以及院系项目发展模式四种。各高校教师发展模式的采用，受领导的重视度、经验、兴趣和个人特长等方面因素的影响，也受校园环境、教师发展需求、可获得资源等因素的影响。即使不同高校采用的模式相同，但由于各种影响因素的差异，具体项目的运行也各有差异。

校园中心模式的教师发展中心主要负责本校教师的发展事务，一般由学术副校长或教务长负责，以改善本校教学效果，提升教学质量为目标。中心主任一般由学校中对教师发展有兴趣和专长，具有良好的领导能力、组织和沟通能力的优秀教师担任，其他专职人员数量及专业要求根据各高校的目标任务各不相同，一般人员规模为4—20人。中心经费一般由高校预算支出，也寻求校外资源支持。

多校区合作模式一般在一个州的大学系统，或一定区域内、目标相似的院校联合建立教师发展中心，通常成立协调委员会，机构人员一般2—3人。各校同时成立教师发展委员会或资源中心，负责各高校的具体教师发展事务，为多校区中心机构提供资源补充及项目支撑。项目经费一般是专门资助金，为教师发展项目提供资金支持。这种模式的最大优点是为同类型高校教师提供交流平台，促进各高校间资源共享，经验共享，提高教师发展的效率，节约成本。如加州大学系统教学发展中心、威斯康星大学系统专业与教学发展办公室等。

特殊中心模式一般目标比较单一，为特定的项目服务，中心依据任务配备专门人员，经费主要有学校预算开支，也可以通过对外服务取得收入，进行补充。中心一般通过举办研讨会、出版发行物、提供相关资源为教师提供服务，由于中心职能的差别，项目类型也各有特色，多种多样。如科罗拉多州立大学计算机培训与支持服务中心，专门为提高教师的计算机辅助教学与科研水平服务，卡萨斯州立大学个人发展与教育评估中心，主要通过全国研讨会形式，为教师、系主任、院长提供教学评估能力提升服务等。

院系项目发展模式和其他模式的区别主要在于教师发展组织机构由学院办公室领导，主要负责一个学院的教师发展任务，经费支出相对较少，服务范围也较小，如威伯士学院教学与学习委员会等。

（二）美国高校教师发展的主要方法

受教师发展模式、教师需求等影响，美国高校促进教师发展的方法和内容多种多样，各不相同，涉及教师发展的各个方面和发展阶段，通过对研究资料的收集和梳理发现，美国高校最常用的促进教师发展的方法主要有研讨会（93%）、咨询（63%）、新教师适应和助教（60%）、教学研究（51%）、教学拨款与奖励（34%），以及提供资源和出版物等。[①]下面介绍几种常见的方法。

1. 教学咨询

学者研究发现，教学咨询在研讨班、教学奖励、团队合作等多种形式的教学发展活动中，是改善教学效果最显著的方法[②]。教学咨询有简单咨询和深度咨询两种形式。简单咨询时间较短，一般为解决较为简单的问题和困难而进行，如教学技术问题、计算机辅助教学操作问题等。深度咨询是为解决教师职业生涯发展中的重大问题而进行，需要教师与咨询师之间建立密切的联系，进行深入交流，如教师学术职业生涯发展咨询，咨询师要全面了解教师所面临的困难、专业能力、性格兴趣、职业目标、价值观等，通过深度交流，才能提出建议和方案。深度咨询一般由专业人员进行，咨询对改变教师的教学态度、价值观、教学风格都有很好的作用。如美国伊利诺伊大学香槟分校教师发展中心开设的教学咨询项目，其服务面向全体教师、研究生、进修生等，根据教师的预约需求，咨询师进行一对一的教学咨询，并对问题改进情况进行回访，以达到咨询人满意的目的。

2. 研讨会

高校教师发展研讨会根据不同的发展目标有多种形式，在教学发展、专业发展、组织发展以及个人发展方面都广泛运用。研讨会一般形式有校内研讨会、长期离校研讨会、短期离校研讨会等。离校研讨会一般在

---

① 转引自徐延宇《高校教师发展——基于美国高等教育的经验》，教育科学出版社2009年版。

② Firing, L. L., Instructional Development: What Works?, NEA Higher Education Research Center, Update 2007 - 12 - 12.

假期或周末举行。校内研讨会根据各学校的特点进行，如杨百翰大学举行的春秋季研讨会，一般在 5 月举行，为期两周，第一周上午进行主题研讨，内容涉及学术职业与教师角色、职业生涯规划、时间管理、发展提高学术水平的技能、教学方法与策略、课程设计等，下午进行资料阅读，并参加相应的教师发展项目。第二周参与教师根据自己的需要参加研讨会及讨论项目、午餐会。秋季研讨会在秋季学期举行，每隔一周进行一次，主要是帮助教师了解学校以及学校提供的教师发展自主项目，项目形式一般为午餐会或主题讨论。

3. 教学技术辅导

技术是提高教学效率和质量的重要手段。随着计算机、网络技术的发展，教学技术日新月异，对教师教学技术的要求也不断提高。教学技术辅导方法以提高教师使用新技术、改善教学为内容，通过宣传技术特点、教学技术培训、技术咨询、提供资助基金或其他奖励（提供笔记本电脑）等活动，促使教师应用新技术，提高教学效率，改善教学质量。

4. 其他方法

美国高校教师发展的方法多样，还有学术休假、建立教学档案袋、新老教师结对子、庆祝晋升晚宴、跨学科学习小组、微格教学等形式，促进有不同目标的教师的发展。

三 项目实施与内容

美国高校教师发展项目引入人力资源开发理念，通过教师发展提升学校学术水平和竞争力，在教师发展活动中，从需求调查、项目实施到效果评估，教师都积极参与其中，从而使教师发展项目具有很高的教师参与度。

高校教师发展项目的开发，首先从了解教师的需求开始，一般遵循"需求—开发—实施—评价—改进"的模式。问卷调查和教师访谈是教师发展中心了解教师个体发展需求的主要形式，并对调查结果进行分析、评估；在了解教师发展需求的基础上，确定教师发展项目的内容和实施方式，开发具体项目；项目实施的具体信息通过网站、报刊等媒介在全校范围内公开发布，教师自愿参加，同时，教师个人可以向教师发展中心定制适合本人需求的个性化项目，以解决个体发展中的具体问题。另外，教师发展中心还与社会教师发展服务公司合作，提供专项特殊要求的项目。

项目的评价贯穿项目实施的整个过程，参与教师要对项目的每个环节进行反思和评价，提出具体的、可操作性的意见和建议，教师发展中心根据改进意见和建议，以及教师需求，对教师发展项目进行改进。

美国高校教师发展项目多种多样。各种服务项目内容翔实，目的明确，价格公开、透明，学校和教师可根据需要自由选择。涉及内容已从最初为解决实际教学问题，提高教师的教学技能而开展的活动，逐步发展到现在涉及教师工作和生活的各个方面，贯穿教师成长全过程。不仅包括教学、科研工作等，还包括心理健康、生活质量等内容，帮助教师全面提升个体素质和能力。具体项目包括新教师发展项目、职业生涯中期教师发展项目、终身职后教师发展项目、兼职教师发展项目等。大多数项目以各高校为主体，独立自主开展，以适应不同的院校环境。同时，各高校教师发展中心结合本校教师从教学科、职业发展阶段、年龄阶段等不同特点，设计不同形式和内容的教师发展项目，并开展个性化的咨询、研讨、教学技术辅导等，为教师工作和生活提供全方位的服务。如伊利诺伊理工学院教师发展中心不断创新教师发展课程，以适应技术和社会发展的需要，鼓励教师吸收本科生参与交叉学科研究项目，以提高问题分析、解决能力，提高教师实践能力。

四　未来教师培养计划（PFF）

美国"未来教师培养计划"始于1993年，是在培养高质量的教学助手发展计划基础上发展起来的。1993年由美国慈善托管会、美国学院与大学联合会、研究生院委员会联合发起和运作，为有到高校就业意向的在职研究生服务。主要在博士生教育中实施，为使在读博士生在教育教学、科学研究和社会服务等方面成为一个合格的高校教师做更好的准备而服务。

美国"未来教师培养计划"大致经历了萌芽期（1993—1997年）、制度化阶段（1997—2001年）、多样化阶段（1998—2001年）和规模化阶段（1999年至今）四个阶段。[①]计划的实施是一种观念的构造，一种心智模式的转变，这是一个为培养更完整的博士生而构建的计划。

在"未来教师培养计划"项目萌芽期和制度化阶段，美国慈善托管会为"未来教师培养计划"提供经费支持，共有17所计划主持院校和119所协作院系参加。到多样化阶段，美国国家自然科学基金会为项目提供了资助，在生物和生命科学、化学、计算机科学、数学以及物理学等学科建立示范项目，有19个计划主持院校和92个协作院系参加。自1999年后，"未来教师培养计划"项目进入规模化阶段，大西洋慈善机构为其提供资助，在人文与社会学科中建立示范项目，有25个计划主持院校和10个协作院系参加。

"未来教师培养计划"的实施包括组建合作学校小组、成立指导委员会、开展小组活动等过程。合作学校小组一般在一定的区域范围之内组成，通常包括具有博士学位授予权的大学、研究性大学、文理学院、社区学院等。具有博士学位授予权的大学一般为项目的主持单位；研究性大学一般提供研究生实践机会并提供一些免费课程；一般是高层次的研究型大学或教研型大学为文理学院或社区学院培养未来教师或为提升现有教师素质提供帮助。

目前，相关活动仍由美国研究生院委员会继续推动。美国研究生院委员会开通了"未来教师培养计划"工作网，竭力充当国家"未来教师培养计划"的发动者和提倡者，为需求学校提供支持和帮助。美国近64%的教师受雇于无博士学位授予权的院校，而目前，已有70%的无博士学位授予权的院校参与了"未来教师培养计划"项目。

美国"未来教师培养计划"项目的实施，为有志于从事学术职业的研究生提供了真实的教师生活体验，使他们对高校教师的使命、角色、报酬以及不同的校园文化有了更深层次的理解，进一步强化了他们的职业准备和职业认同感，对促进他们的职业发展，使他们成为一名优秀的大学教师发挥了重要作用。

例如，美国伊利诺伊大学香槟分校的教师发展中心，每年接受研究生会的邀请，为有意应聘高校教师的毕业生举行教育理念、教学哲

---

① 聂永成：《美国的博士生教育与"未来教师培养计划"》，《教育评论》2012年第1期。

学、教学设计、教学方法等专题讲座，为"未来教师培养计划"做出自己的贡献。

第二节 德国高校教师发展

德国大学具有悠久的历史，特别是以培养应用技术性人才著称于世。应用技术大学在发展过程中一直将应用型人才培养作为发展定位，直到20世纪90年代中后期，才有越来越多的应用技术大学将应用性科研作为一项必需的或选择性的任务，① 因此，突出实践性和应用性导向是德国应用技术大学人才培养的突出特色。这与我国工科类地方本科高校具有高度的一致性。故此，研究德国大学教师发展的成功经验，具有非常重要的意义。

一 德国高校教师制度特点

德国高校是由政府创建的国家学府，与西方其他国家高校相比，体现出强烈的"国家主义"特色。德国高校是为满足国家的需要而创立的，而不是由松散的教师或学生行会逐渐发展起来的。② 德国政府规定，高校教师享受国家公务人员待遇，为此建立了现代德国大学教师公务员制度。倡导学术自由的德国著名教育家洪堡，同时又极力倡导国家对大学的干预和控制③。

无薪教师制度是德国高校教师制度的突出特点。有学者指出，无薪教师制度是德国高等教育发展的动力。德国高校专职教师由教授、助教、科研和教学合作教师、特殊任务教师四类组成。助教必须由具有博士学位者，或取得同等价值的学术成就或职业实践成就者担任，并规定各学

---

① 秦琳：《以应用性人才培养促进区域经济发展和国家竞争力提升——德国应用技术大学的经验》，《大学》（学术版）2013年第9期。

② ［加］约翰·范德格拉夫等编著：《学术权力——七国高等教育管理体制比较》，王承绪等译，浙江教育出版社2001年版。

③ 周光礼：《学术自由与社会干预——大学学术自由的制度分析》，华中科技大学出版社2003年版。

科职位数的核定,要能保证使合格的助教有机会晋升为教授。①至此,无薪教师被助教所替代,但助教与无薪教师还是有一定的差别:助教是国家临时聘用人员,属公务员;而无薪教师由教授直接决定,非国家官员。临时科研助手或管理助手一般为编外雇员,是教师队伍的有效补充。编外雇员制度缓解了高校编制紧缺的状况,也为学生开辟了增强实践动手操作能力和增加收入的渠道。

义务兼职制度是德国教师管理的又一个特征。德国《国家公务员法》规定每个公务员都有义务从事另一份与其主业相关的兼职工作,并对兼职工作的范围、程序、收入等做了具体详细的规定。如规定教师从事兼职工作的时间,每周不能超过总工作时间的20%。在教育培训机构担任教学工作的,每周不应超过4课时,兼职期限不得超过2年等。德国高校鼓励教师从事有利于本职工作的兼职活动,特别支持理工科教授到企业兼职,以随时掌握经济发展的最新动向,从而促进教学和科研工作。高校教师从事兼职工作应每年向所在高校汇报一次兼职工作情况。教师个人承担兼职工作的所有责任,工作出现的所有问题与高校无关等。兼职收入(包括津贴)一般为4000—6000欧元,超过限额部分要在规定时间内缴到上级主管部门。

德国大学教师制度一直受到国家的重视与关注,体现出很强的"国家主义"特征,其主要特点是引导教师积累学术资本。其中无薪教师制度对洪堡学术自由的理想起着堡垒作用;教师校外兼职义务制度促进教师的教学与科研能力的发展;编外雇员制度既节省了财政支出,也有利于实现学生的学习自由,并为教师队伍储备优秀人才。②

二 教师发展内容及结构

从德国高校教师制度的特点可以看出,早期德国高校教师发展主要是在每次的晋升中自我完善,如无薪教师制度就是对追求学术的青年的

---

① 胡梦琼:《德国高等教育发展之动力——无薪教师制度的发展演变》,《长春工业大学学报》(高教研究版)2010年第31卷第2期。
② 朱家德、付敏:《德国高校教师制度特征及其启示》,《江西科技师范学院学报》2009年第1期。

炼狱式锤炼,能坚持下来并晋升为教授的人员不管在教学、科研和服务等方面,都是精英,对教师发展主要关注的是教学方面的内容。同时,德国高校教师的评估认证体系也体现了明显的自我评估与发展特色,如设计"学生对我的教学在多大程度上满意?""我将如何改善教学?""参加本节教学活动后,学生学到了什么?"[①] 等教师能进行自我评价的问题和项目,利于教师自我评价。

但从20世纪90年代开始,"博洛尼亚进程"的推进使德国高等教育发生了巨大变化,开启了"以学生为中心""从教向学"的新转变。随着新的教学模式的推进,德国政府及高校对教师发展的关注更加空前。德国"联邦科研促进计划"为高校教师发展提供资金支持。目前,德国高校教师发展项目从关注教师的学术发展,扩展到涉及创新性教学发展、个人发展的各个方面。

(一)教师的角色转变

有专家提出,"以学生为中心""从教向学"的教学模式要求对高校教学进行全新的理解,需要大学教师进一步学习。因此,教师角色有了转变,即从陈述教学内容到开展学习指导和咨询(见图4—1)。

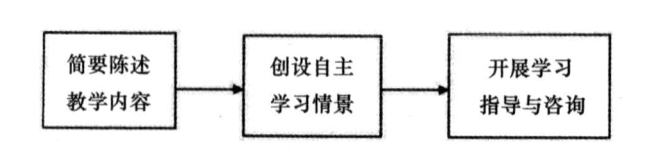

简要陈述教学内容 → 创设自主学习情景 → 开展学习指导与咨询

图4—1 教师角色转换

(二)教师发展计划的内容及结构

"博洛尼亚进程"的推进对教师发展提出了新的要求,很多高校成立了专门的教师发展机构,并形成全国性的网络,开展以咨询辅导和继续教育为主要形式的高校教师发展活动。项目内容主要为教学技能的辅导,如学生及教学评价、创新、诊断、咨询等,如图4—2所示。

---

① [德] 玛格雷特·比洛-施拉姆:《德国大学教师发展:培训与继续教育》,《北京大学教育评论》2014年第2期。

内容（最低标准）

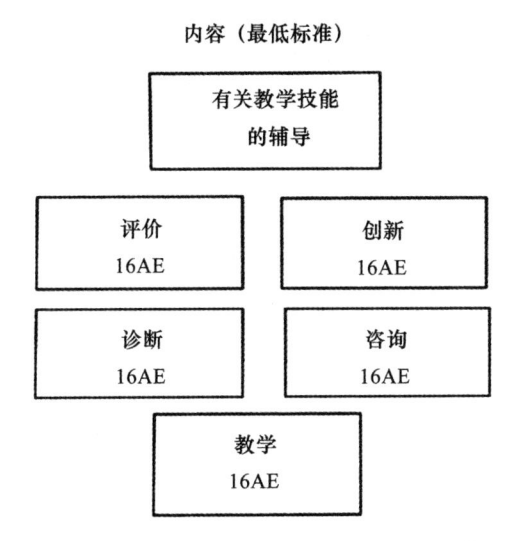

```
        ┌─────────────┐
        │ 有关教学技能 │
        │   的辅导    │
        └─────────────┘
   ┌─────────┐    ┌─────────┐
   │  评价   │    │  创新   │
   │  16AE   │    │  16AE   │
   └─────────┘    └─────────┘
   ┌─────────┐    ┌─────────┐
   │  诊断   │    │  咨询   │
   │  16AE   │    │  16AE   │
   └─────────┘    └─────────┘
        ┌─────────────┐
        │    教学     │
        │    16AE     │
        └─────────────┘
```

图 4—2　德国大学教师发展计划的内容[①]

注：AE = Arbeitseinheiten = 工作量。

具体的教师发展内容为参与对课程和学习计划的评价、教学创新、教学诊断、教学咨询等。鼓励教师因材施教，根据学生的不同情况给予指导，开展"以学生为中心"的教学。

2005 年 3 月以来，德国大多数高校开展教师发展机构和网络培训合作，即高校教师通过学习线上、线下提供的共同教学技能模块课程，并考核合格，获得统一教学技能培训证书，以此达到提高高校教师专业教学能力的目的。课程结构包括三个模块，共 200—240 学时[②]，如图 4—3 所示。

完成课程的每一模块内容一般都需要 60—80 学时。一半以上的学时都是硬性规定：60 学时的教学，其他四个方面至少 32 学时，其中包括 16 学时的咨询，剩余的学时才可以自由选择。整个计划完成之后，参与者获得教学技能培训资格证书。

德国高校教师的整个学习过程包括五种不同形式的活动：专题学习、

---

① ［德］约翰内斯·威尔特：《高等教育全球化的挑战——学术研究者视野中的德国博洛尼亚进程》，《高等教育研究》2007 年第 12 期。

② 同上。

教学技能训练、课程学习活动、个体或集体的咨询、指导和辅导活动，教学实践与专业咨询活动，自主学习活动，非正式学习活动（包括教学档案、教学评估等教学实践形式）。

结构
工作量的总数：200—240AE

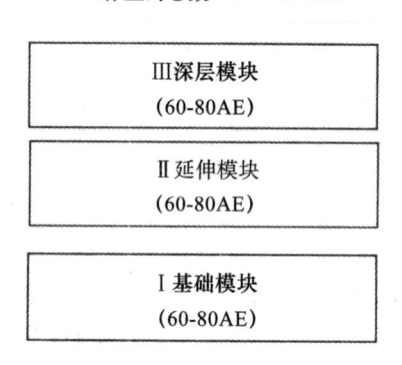

Ⅲ深层模块
(60-80AE)

Ⅱ延伸模块
(60-80AE)

Ⅰ基础模块
(60-80AE)

图4—3 德国大学教师发展计划模块

注：AE = Arbeitseinheiten = 工作量。

2008年柏林高校教学研究中心（BZHL）成立，并开设非标准化的高校教学法项目，如教学工作坊、有关学术性的员工发展以及组织建设项目等。

三 教师发展项目质量评价

德国高校教师参加教师发展项目的积极性不高，根据BZHL统计，2013年，参与教师比例最高的柏林新教应用科学大学也仅有9.89%的教师参与教师发展项目，其次是经济与法律应用科学大学，为9.47%。柏林工业大学为1.58%，柏林工程应用科学大学为2.71%。

调查还发现，大学和高等专科学院参加培训的教师比例与其教师数占教师总数的比例大小相反，项目参与人员的性别比例与教师群体总体的性别比例大小也几乎相反；但参加培训的不同职称的教师比例均衡，人们通常认为的学术助理参加培训的比例应当比教授高的观点不攻自破，进一步证实了不同等级教师具有不同的发展需求。在德国，一般新任教师有参加教学法进修的义务。① 德国开展的"高等教育硕士"项目就是为培养未来的教师做准备。

德国的教师发展评价较为完善，质量评价方案包括质量圈的建立、沟通领会与推广、教学法研究三个关键因素。以"高等教育硕士"为例，质量评价质量圈由教学系主任、行政部门、教师、学生参与者、评估专家等课程参与者的各方面人员构成。在评价圈中，沟通被认为是教师发展的一项重要内容。沟通能力是推广评价结果、明确评价结果重要性以及将其贯彻到日常教学中的重要技能，是教师专业化的一项重要任务。教师没有形成对学生评价的反馈，其教学就不能改进，只能按照既定目标和内容进行；学生也无法认识他们对教学的参与和评价是何等重要（见图4—4）。

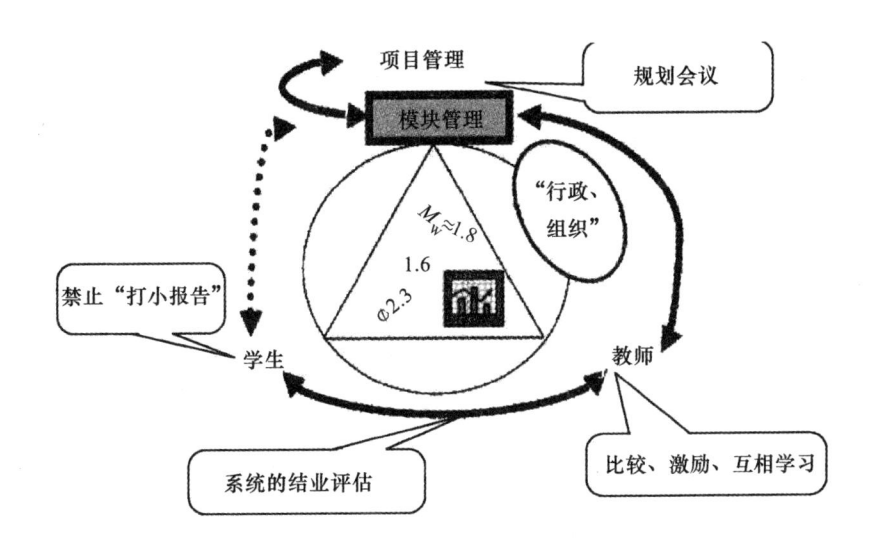

图4—4 德国教师发展项目促进沟通模型

资料来源：［德］玛格雷特·比洛-施拉姆：《德国大学教师发展：培训与继续教育》，《北京大学教育评论》2014年第2期。

---

① ［德］玛格雷特·比洛-施拉姆：《德国大学教师发展：培训与继续教育》，《北京大学教育评论》2014年第2期。

教学法研究是评估、改进的过程,是教师的自我反思,教师能主动地研究教学,就能为促进"以学生为中心""从教向学"的转变做出贡献,实践探究性学习,发展创新性的教学与研究方案,成为教学法研究的基础。

第三节 日本高校教师发展

日本高校教师发展(FD)起源于20世纪80年代,比西方发达国家大约晚20年。[①] 20世纪80年代后,由于日本社会、政治、经济、文化、教育的发展,以及高等教育大众化向普及化过渡阶段出现问题,日本开始研究英美等国家高校教师的发展制度,并开展相关活动,特别是京都大学、名古屋大学、东海大学、国际基督教大学等对引入的FD制度从实践层面进行了有益的探索,积累了宝贵的经验。日本的FD制度经历了从准义务化阶段"努力实施"到义务化阶段"必须实施"的过程,现在已表现在国家层面的一系列法律和政策中,形成了以大学的理念、教育研究、管理运营和社会服务相结合,由上至下的发展模式。

一 教师发展内容

日本的FD制度最初是为促进教师教学能力的提升而开展,是狭义的教师发展制度。主要指为提高教师的教学实践、课程把握和教学技能而进行的一系列活动。但随着日本高校教师发展的含义不断扩展,内容不断丰富,FD制度发展为广义的高校教师发展,即为提高教师履职能力,开发教师潜力,促进高校各项职能更好发挥的系列活动。

但从目前日本高校开展的FD活动来看,更多的仍是为提高每位教师的教学能力而采取的一种组织化活动。其主要特点是倡导各项教学能力的改善和提高。日本FD活动的涵盖内容和关联实践如表4—1所示。

[①] 施晓光、[日]夏目连也:《日本"大学教师发展"的经验及对中国的启示:基于名古屋大学的个案》,《清华大学教育研究》2011年第4期。

表4—1　　　　　　　日本FD活动内容和关联实践[①]

FD 的类型	重点内容	关联实践
PD 类型 (Personal Development)	教师个人能力支援服务	新手教师培训，电脑技术 学术教育信息系统使用 教学研究机器使用
ID 型 (Instructional Developmtnt)	教学法开发 (学习支援、教材开发)	教学技术与方法 学习支援系统的开发 学习的评价法
CD 型 (Curriculum Development)	FD 的核心， 与全体教学活动相关	课程开发 新生教育、心理辅导 外语、信息处理
OD 型 (Organizational Development)	组织开发	介绍大学的理念与目标的 小组讨论活动 对教育制度的理解 评价（学生评教、教师同僚的 教学法评价等）

二　组织机构及运行模式

日本高等教育深受美国的影响，但日本的高校教师发展运行模式没有照搬美国自下而上的路径，而是形成了自上而下的制度化发展的模式。日本高校教师发展被列入法律，如1999年，日本《大学设置基准》提出，各大学要创造条件有组织地实施高校教师发展项目，以改善教师授课内容及方法；[②] 随后，高校教师发展制度被列入2004年日本中央教育审议会制定的新的大学评审评价指南；2007年，新的《大学设置基准》和《研究生院设置基准》制定，并从2008年开始全面实施。

由于日本高校的FD制度是自上而下推进的，所以形成了较为完善的专门机构。国家、区域、高校形成自上而下的专门机构并配备专门人员。国家层面设立专门机构，制定全国性政策；在国家政策的指导下，区域

---

① 蒋妍、林杰：《日本大学教师发展的理念与实践——京都大学的个案》，《北京大学教育评论》2011年第3期。

② 李文英、陈君：《日本大学教师发展制度化探析》，《保定学院学报》2010年第1期。

层面设置高校共同利用的基地,以基地为中心形成覆盖区域内不同类型高校的教师发展（FD）合作共同体；各高校成立教师发展研究中心、教育改革中心或委员会等组织机构,开发和实施本校的教师发展项目,以促进本校教师发展,各高校既独立自主,又相互支援合作,共同促进教师专业发展；各高校内部以学部和研究生院为实施主体,实施有针对性的教师发展项目,以培养高等学校教师。

日本高校教师发展项目有举办教育改革研讨会、学生教学评价询问调查、组织公开授课和研究研讨等多种形式。

（一）举办教育改革研讨会

为推进高等教育发展,实施高等教育改革,教师必须对高校教育教学的重要性、迫切性和改革的必要性有充分的理解和深刻认识。为此,各高校通过举办教育改革研讨会、讲演会等,不断培养教师思考改革的意识和能力,促进教师反思,深入推进教育改革。

（二）学生教学评价询问调查

为了更准确地了解教师的教学改善情况,在"以学生为中心"理念的推进下,教师发展机构通过开展学生对教师教学的评价调查,从学生的视角,对教师教育能力的各个侧面进行评价,从而改变以往教师通过自我判断来改善教学效果的状况,对教师教学发展起到了很好的促进作用。

学生对教师教学的评价询问调查是日本高校通常采用的教学评价方法。学生评价项目涉及教学的4大类评价因素,共13项指标。学生调查项目的实施对促进教师教学的自我认识和反思起到了积极作用,推动了教师教育教学能力的改善和提升。

例如,日本同志社大学教师发展中心不仅开展新教师培训项目、助教项目,还开展学生援助项目,就是将教育理念从"知识传授"改变为"引导学生主动学习",引导学生通过与老师、同学交流,加入学习小组,寻找自己的学习兴趣,独立发现课题并进行研究,并将学生服务部门、食堂等集中于学生学习共享中心,为学生提供优质、方便的服务。同时,对教师教学评价给予指导和帮助。

（三）组织公开授课和研究研讨

对于通过学生评价询问调查等发现的教学改善问题,高校的教师发展机构组织专家进行鉴定，对于有些已不是个人的而是普遍性的问题，高校教师发展中心将针对不同的问题，采用公开授课、专题研讨会等形式，组织教师相互交流和研讨，通过充分讨论、互相学习、深刻反思，推进教师教学发展，共同促进教学改革。

（四）实施教师教育进修

日本 FD 的实施项目分为职前、职后两个阶段。职前阶段即借鉴美国的"未来教师培养计划"，实施未来教师项目（Pre-FD）、助教制度（TA）等。职前项目以入职前的研究生为对象开展教育哲学、教学法等教师基本素质与技能的系列训练，既丰富了研究生的培养内容，也增强了未来教师的教学能力和丰富了教学手段；职后阶段包括不同教龄的教师进修。

新教师研修项目和辅助项目提升了有志于从事高校教师职业的研究生对大学理念、教师职责、教学目标、教学手段的掌握；针对具有一定教龄的教师采取在职研修、课程开发、出国研修等手段的职后教育，促进了在职教师教学能力的提升。近年来，各高校还开发了"相互研修型""网络学习型""多样性授课"等新的教师发展项目，以开发更丰富、多元的教师发展模式和途径。

三 教师发展特点

日本高校教师发展起源于 20 世纪 80 年代，主要是学习美国高校教师发展经验，结合日本国情和高校实际进行，虽历程不长，但已呈现出独特的日本特色。

（一）日本 FD 的发展得到了日本政府的大力推动

尽管日本 FD 制度最初主要受美国的影响，但在 FD 制度实施的过程中，政府的力量才是 FD 走向繁荣的推动力。这也形成了日本高校 FD 制度从大学内部到外部强大的、多层次的组织保障体系。

在日本 FD 制度的发展中，政府起到了至关重要的作用。除通过制定相关法令，财政支持等之外，还于 2009 年制定并实施了"教育相关共同利用据点"（FD·SD 中心）制度，并于 2010 年 3 月进行了首次 FD·SD 中心的据点认定，共认定京都大学、爱媛大学、东北大学、名古屋大学、千叶大学、筑波技术大学、岐阜大学 7 个公共据点（见表 4—2），共同推进了日本

FD 制度。

各据点根据所在高校特点及地域分布，确定据点的主要活动内容和参与高校范围，如京都大学研究型 FD 共同利用据点，为全国 FD 提供交流平台，召开全国 FD 研究与实践者会议，并且是关西地区的核心据点；东北大学高等教育开发推进中心，为东北地区的核心据点，负责东北地区 6 个县的国立大学的教师发展支援；千叶大学为护理学教育的全国据点；筑波技术大学为残障人士教育的全国据点等。可以看出，日本高校教师发展不仅在地域上互相交流，共同提高，而且在学科纵深发展方面，也设立了相应的教师发展据点，举行分学科的、针对性的教师发展特色服务和支援项目。

表4—2　日本首批教育相关共同利用据点的认定情况（FD·SD 中心）

机关名称	据点名称	主要举措和参与的大学	认定理由
京都大学高等教育研究开发推进中心	研究型 FD 共同利用据点	地区级别：关西地区 FD 协议会（近畿地区 6 个县约 130 所大学参与）；全国级别：FD 交流平台的代表者会议	关西地区的核心据点
东北大学高等教育开发推进中心	利用国际合作的大学教育力开发的支援据点	地区级别：东北地区 6 个县的国立大学联合；东北地区联合中的骨干校等	东北地区的核心据点
爱媛大学教育·学生支援机构教育企划室	教职员能力开发据点	地区级别：四国地区 4 个县约 34 所大学与大学教职能力开发交流平台	四国地区的核心据点
名古屋大学高等教育研究中心	FD·SD 教育改善支援据点	地区级别：以名古屋大学为中心，以中部地区为对象，由 4 所大学组成的 FD·SD 联合	中部地区的核心据点
千叶大学研究生院护理学研究科附属护理实践研究中心	护理学教育研究共同利用据点	全国级别：以开设护理学专业的全国大学（179 所大学）为对象进行活动	护理教育的全国据点

续表

机关名称	据点名称	主要举措和参与的大学	认定理由
筑波技术大学残障人士高等教育研究支援中心	残障人士教育据点	全国级别：视觉残障据点由全国40所大学约80人组成；听觉残障据点有全国16所大学参与	残障人士教育的全国据点
岐阜大学医学教育开发研究中心	医学教育共同利用据点	全国级别：以全国79所大学开设医学专业的大学为对象	医学教育的全国据点

资料来源：蒋妍、林杰：《日本大学教师发展的理念与实践——京都大学的个案》，《北京大学教育评论》2011第9卷第3期。

(二) 教师的教学能力发展是日本高校教师发展的核心目的

随着市场经济的发展，在日本大学发展中，市场经济发挥着举足轻重的作用，教师对研究的热情日益高涨，而对教学的热情降低，投入教学，特别是课堂教学的试讲的精力明显不足，教学水平受到社会的批评，为此，日本政府认为，教学提高的主要方式是关注日常课堂教学实践和教师自我反思。高校的发展要求高校教师的能力发展必须能满足社会的发展和学生的要求，教师必须更加关注课堂教学，教师教学能力的发展是教师发展的核心，主要包括课堂、实践教学以及自我提升的能力。日本高校教师发展更多地关注教师教学发展，具有较强的专业发展意识。在日本，大学教师不仅被认为是研究的专家，也是教学的专家。

(三) 日本FD制度重视教师职前和职后培训

日本高校教师管理实行高校教师资格证制度与录用制度相分离的模式。也就是说，在日本，获得高校教师资格证并不是成为高校教师的充分条件。日本高校教师的基本任职条件是，申请者必须参加培训，修够学分，才能获得高校教师的录用资格。此外，在入职后，还要分阶段参加培训，如新教师、工作5年、工作10年等培训项目。目前，促进日本高校教师发展的培训项目形式多样，并贯穿高校教师发展的整个职业生涯。

第四节　启示与借鉴

美国、德国及日本三个高等教育发达国家教师发展实践受各国政治、经济、文化及高等教育管理体制等因素的影响而形式不一、各有特色，但都是各国高等教育发展的宝贵财富，其实践经验、发展理念等均对我国高校教师的发展具有重大借鉴价值。我国高校教师发展一直处于落后状态，这更突出了高校教师发展的紧迫性与重要性。三国教师发展实践，对我国工科类地方本科高校教师发展具有重要的借鉴意义。

一　高校教师发展需关注教育系统各方需求

不同国家都在社会文化、教育模式、师资培养等方面的发展演变过程中逐渐调整或改变教师发展实践，以顺应高等教育与教师个体的需求。在推动高校教师发展的过程中，我们应在博采各国优良做法的同时，从我国的教育实际出发，遵循高校教师发展规律和地方高校诉求，探索出一套适应我国工科类地方本科高校教师发展的模式、制度和方法。在工科类地方高校转型发展、"卓越工程师计划"实施的关键时期，现有的教师培训已不能满足高校教师的可持续、个性化发展需求，内容落后、方式呆板、管理不到位，特别是目前大部分地方工科高校没有将应用技术型人才培养的需求落实到位，教师的实践知识和能力与社会脱节，进而导致所培养的学生出现就业难或者学非所用的现象。这些问题都要求关注教育系统发展的现实诉求，转变观念，调整模式，改变方法，真正做到社会、高校与教师的共同和谐发展。

二　高校教师发展要坚持科学的发展观

高校教师发展是一个动态的变化过程，例如美国高校教师发展的四个层次、日本教师发展内涵的不断变化，以及德国教师发展的角色转变等都是在不同的高等教育时期对高校教师发展提出的要求，这种发展要求既有纵向的深入发展，如对核心教学能力提升的发展要求，对不同职业生涯发展阶段教师发展的不同要求等，也有横向的多元化发展，如对教师研究、服务能力及个体发展的要求等。目前，我国高校教师主要通过各级教育主管部门、各高校组织相应的培训来接受继续教育，这些培训项目促进了教师发展，在我国高等教育发展历史上起到了一定的积极作用。然而，教育主管部门和高校进行的教师培训，主要是为了实现一定的组织目的，对教师自身发展的内在需求关注不够，这也是我国教师参与教师发展项目积极性不高，培训效果不理想的原因所在。要改进我国高校教师发展，潘懋元先生在2006年"高校教师发展与高等教育质量保障"国际学术研讨会上提出，必须在高校中引入"教师发展"的概念及新理念，在学习国外高校教师发展经验的基础上，建立我国高校的教师发展制度。[①] 高校教师发展应当是多方面的共同发展，在倡导人的全面发展的社会，对直接面向大学生的高校教师群体而言，全面发展的意义更加重大。因此，促进所有教师全面的、有针对性的、科学的发展将是我国高校教师发展的重要原则。

三 教学能力仍是高校教师发展的核心内容

对美、德、日三国的研究发现，无论高等教育如何发展，教学一直都是各国高校教师发展中非常重视、不断强调的一项内容。例如，美国高校教师发展的四个层次中，教学发展是首要任务；日本为唤起高校更多地关注教师的教学能力而推进高校教师发展制度的实施；德国高校教师发展主要关注教学法的内容，可见，教学在高校教师发展中的核心地位。结合目前我国高校教师考评强调研究成果，重点发展教师的研究能力，而忽视教师教学能力的现状，我国高校教师发展也应更加关注教学发展。研究能力固然重要，但教学能力的发展才是高校教师发展的核心，因而对于工科类地方本科高校来说，实践教学能力的提升将是教师发展的重中之重。

四 政府支持是高校教师发展必不可少的条件

教师发展是教育教学质量提升的保障。美国的"未来教师培养计划"、日本的FD等都是在政府的大力支持和推动下，顺应高校教师发展

---

① 潘懋元、罗丹：《高校教师发展简论》，《中国大学教学》2007年第1期。

规律开展的，德国的高校教师甚至属于国家公务员。可见，高校教师发展离不开政府的有力支持。然而，目前我国高等教育中教师发展的情况与政府管得多且管得死，制度流于形式，发展资金分配不合理，高校自主权不够，教师发展项目由少数人掌控，对年轻教师发展关注不够息息相关。因而，我国政府需要大力支持和推进高校教师专业发展，从宏观政策指导到示范中心建设，从项目开发到资金投入等方面，发挥政府的引导、支持功能，为高校教师发展提供强有力的政策、组织、资金保障。

五 制度化是高校教师发展实质化推进的根本保障

高校教师发展涉及内容广、目标多、过程复杂，仅仅依靠个人或高校的力量很难从整体上系统推进。美国的高等教育变革、日本 FD 制度的国家推动、德国的集权制度等都给我国高校教师发展以启发：在设置专门的组织机构、配备专业人员、建立发展制度、提供资金支持等方面要加强制度化建设。为提高教师发展质量，各高校应从自身实际出发，逐步建立健全教师发展中心，并且聘请校内或校外的相关专家负责教师发展工作。同时应从教学、科研、管理以及教师个人专业发展等方面不断探索适合本校实际的教师全面发展新模式，不断加强教师发展理念、评价机制、保障措施等方面的相关研究。

第五章

工科类地方本科高校教师胜任特征模型构建研究

高校传统的人力资源管理比较重视教师的成果和资历，而忽视教师胜任特征模型的开发与胜任特征的测评。胜任特征模型有助于界定相关职位优秀人员的素质和能力，在人力资源管理实践中已被广泛应用。近年来，胜任特征的研究引入了高校教师管理的各个环节，对于不同类型的高校，教师的胜任特征具有一定的差异，因此，建立工科类地方本科高校教师胜任特征模型有助于该类高校的教师招聘遴选，帮助教师发展中心构建适合的教师发展项目，帮助、指导教师全面发展。

本书通过分析工科类地方本科高校职能特点，提出符合高校组织发展和人才培养目标定位的基本特征；通过对评选的优秀教师进行行为事件访谈，提炼出优秀教师特征。通过对学生调查以及对评选的"学生心目中的好老师"访谈，提出"以学生为中心"视角的工科类地方本科高校教师的胜任特征。然后，通过管理者讨论、征询专家意见、对比归纳等方法，对提炼的胜任特征要素进行删减、合并和修改、完善，形成修正的工科类地方本科高校教师胜任特征量表。再将量表编制成调查问卷，对教师、学生进一步调查，进行数据分析，构建工科类地方本科高校教师胜任特征模型。

第一节 基于高校职能分析的教师胜任特征

一 工科类地方本科高校的职能分析

人才培养、科学研究、社会服务和文化传承是高校的四项基本职能。本书界定的工科类地方本科高校也不例外，但与研究型大学、职业高校，以及综合类、医学类、财经类高校相比，工科类地方本科高校具有一定的特殊性。

人才培养是高校的首要职能。对于工科类地方本科高校，人才培养定位为为地方经济发展培养高级应用技术型人才。因此，在人才培养过程中必须加强教师与学生、行业企业的交流互动，了解社会需求，坚持教学与地方经济发展需要相结合，综合素质培养与专业应用能力的培养相结合。

工科类地方本科高校的科学研究职能主要体现在应用研究方面，由于人才培养定位于行业企业一线的应用技术型人才，因此，对教师了解行业企业特点和一线工作需求，解决企业的现实问题等方面的应用研究能力提出了较高要求，这就需要教师具有良好的职业品质，以及与企业沟通、合作的能力。

社会服务功能的发挥，对工科类地方本科高校来讲，主要是为区域内的经济、社会、文化等做出贡献，特别是在工业产业的结构调整和升级方面，工科类地方本科高校应起到引领作用；对于文化传承职能的实现，首先要求教师具有正确的价值观，对中国的传统文化有一定了解，把握和弘扬优秀传统，并合理、有选择地借鉴外来优秀文化，正确处理文化传承与创新的关系。

二 工科类地方本科高校教师的基本要求

工科教育主要是培养工程技术人才，工科类地方本科高校一般具有行业背景以及鲜明的工科特色，不仅承担着为地方经济发展培养高级应用技术型人才的任务，还承担着培养"卓越工程师"的重任。随着"卓越工程师计划"的实施,对工科类地方高校教师来说,除具有其他学科类教师的基本素质外,还要具有工程学科要求的专门素质,即要具备基本的行业企业工程师的基本素质[①],也就是,"高校教师+准工程师=工科类高校教师"的模式是工科类地方高校教师发展的总体要求。

因此,工科类地方本科高校教师,不仅要具有广博的专业知识,还要具备良好的实践教学能力、丰富的工程实践经历、扎实的应用开发能力以及崇高的敬业精神和职业道德。

(一)广博的专业知识结构

高校教师从事的是学术职业,扎实的专业知识是其工作的基础。工科类地方本科高校教师不仅要具备扎实的专业理论知识,还要在知识不断更新的基础上扩大自身的知识面,掌握本学科专业领域的应用知识和国内外研究的最新进展。由于工科类地方本科高校服务性、实践性、应用性的特点,教师不是研究制定标准、政策的人,而是在应用中遵循、执行标准和政策,因此教师还要了解相关的技术标准、政策、法律、法规等,同时为了更好地做好服务,还要熟悉相关学科包括信息、经济、管理、人文社会学科等的知识,关注新兴交叉边缘学科,尤其是与本学科专业领域相关的战略性新兴产业的兴起和发展,同时,结合"卓越工程师计划"对课程体系和教学内容的要求,学习教育教学改革的新理念、新方法,以及MOOC、微课、翻转课堂等新的教学方法的使用,改革教学的组织形式和教学方式。因此工科类地方本科高校教师要改变过去将自己的知识面仅限于所担任的课程或其他教学任务的狭窄范围的情况,不断丰富专业知识结构,拓展知识面。

(二)良好的实践教学能力

对于工科类地方本科高校,教师的实践教学能力主要体现在以下五个方面:一是先进的工程教育理念,坚持"以学生为中心",充分发挥学生的能动性,引导学生从继承性学习走向探究发现式学习,把培养和提升学生的创新意识和创新能力作为人才培养的重要内容。二是具有良好

---

① 朱高峰:《胜任卓越工程师培养的工科教师队伍建设》,《高等工程教育研究》2012年第1期。

的工程教育研究能力，要善于发现工程教育中出现的理论和实际问题，善于学习、借鉴国内外同类型高校在工程教育方面先进的教育思想、教学理念、教学手段和教学方法，提出解决问题的思路和具体措施。三是具备高超的工程教学水平，通过问题案例或项目将理论学习与实际工作密切结合，将高深、难懂的工程原理、工程技术和工程科学理论通过适当的教学方法使学生深刻理解和灵活运用。四是具有超强的实践教学能力，能够熟练开展各种验证性、设计性和综合性实验教学，提高学生的实际动手能力，能够指导学生解决企业工程实践中的问题，培养学生的工程实践能力。五是具有娴熟的教学组织和管理能力，善于根据学生的具体情况、教学内容，采用有效的组织形式开展教学活动，以达到教学相长的理想学习效果。

（三）丰富的工程实践经历

要具有良好的实践教学能力，教师必须具有丰富的应用实践能力，熟悉工作现场的运作方式和管理模式，了解先进工程设备和技术的使用，掌握应对实际工程问题的有效方式，积累丰富的解决工程问题的经验，同时与工业企业保持密切的合作关系。丰富的工程实践经历对工程教育教师的重要性体现在三个方面：一是使教师形成良好的工程素养，教师通过工程实践牢固地掌握工程概念、工程常识和工程原理，熟悉用工程思维思考和分析各种工程问题，学会选择在工程实践中行之有效的方法解决实际工程问题；二是使教师具备担任工程教育教师的基本条件，工程实践经历使得教师在课程体系改革、教学内容选择、教学方式的采用以及理论联系实际方面更能够从卓越工程师培养的需要入手，从而避免理论脱离实际、学非所用甚至纸上谈兵等；三是为教师形成各种工程能力和职业素质提供工程经验基础。

（四）扎实的应用开发能力

应用开发能力是工程师的基本能力要求。作为培养高级应用型人才的工科类高校教师，必须要具有工程设计、应用开发能力，能承担来自企业的实际应用开发任务，能为企业解决实际工作中的问题。这就要求教师熟悉先进的工程技术、新材料及新设备，具有先进的设计理念，掌握先进的设计开发方法及技术手段，以及工程技术创新能力。工程技术创新能力是卓越工程师的关键指标，这要求培养卓越工程师的教师自身必须具有强烈的创新意识和创新精神,能够在工程实践、工程技术应用和工程技术开发中不断探索,了解工程实践面临的技术难题和经济社会发展对工程技术的新要求。另外,随着"大工程"的出现,工科类教师被要求具有系统地进行科学研究的能力,具有多学科专业领域的广博知识,能够将现代科学技术应用于解决工程实际问题,及时了解工程科技的前沿领域和发展方向。

(五)崇高的敬业精神和职业道德

敬业精神和职业道德是高校教师的意志信念和行为准则。工科类地方本科院校具有服务社会、文化传承的职能,承担着培养服务地方经济发展的高素质人才的重任,崇高的敬业精神和高尚的职业道德是其从业的准则。一是要具有强烈的事业心和责任感,积极投身于地方经济发展,有为地方经济发展贡献自己力量的高尚情操;二是要具有严谨求实的科学态度和精益求精的工作作风,即对待教育教学工作尽职尽责、一丝不苟、求真务实,将提高人才培养质量作为自己永无止境的工作目标;三是要具有勇于探索的治学精神和追求卓越的创新意识,乐于奉献,善于反思,关注地方经济社会的发展及适应其发展的新要求,转变教育教学理念,努力寻求新的方法和方式,积极开展人才培养模式改革和创新;四是要具有健康的心理素质、高尚的人格品位、宽阔的心胸和坚定的理想信念,为人师表,以身示范,成为学生道德品质修养的榜样,精神文明的典范和为人处世的楷模。

三 基于工作分析的教师胜任特征指标

基于以上工作分析,通过对工科类地方本科高校的职能定位分析,本书提出20项教师胜任特征指标,如表5—1所示。

表5—1　　　　　　基于工作分析的教师胜任特征指标

高校职能	对工科类地方高校教师的要求	胜任特征
人才培养	综合素质与专业能力的结合	学习能力、交叉学科知识、科研能力
	教学与实践的结合	专业知识、教学技能、实践能力
	与教师、学生、行业企业的交流互动	组织协调能力、沟通能力

续表

高校职能	对工科类地方高校教师的要求	胜任特征
科学研究	坚持研究型与应用型相结合	创新与实践能力
	解决企业一线的实践问题	解决工作实际问题能力
社会服务	与行业、企业的合作	合作能力、沟通互动能力
	研究成果的应用	责任心、奉献精神
文化传承	科学的价值观	批判性思维、道德高尚
	优秀的个人品质	正直沉稳、乐观向上
	正确的文化价值观	丰富的传统文化知识、正确的文化认知

第二节 基于优秀教师访谈的胜任特征指标

一 访谈过程

胜任特征是区分优秀教师和普通教师的关键性指标。为进一步了解优秀教师的胜任特征，并对基于高校职能分析的教师胜任特征在优秀教师群体进行验证，作者拟订了访谈提纲，选取曾获全国优秀教师、教学名师等荣誉称号的教师，以及享受国务院政府特殊津贴的专家、河南省学术技术带头人等10名教授作为访谈对象，进行行为事件访谈。然后对收集到的关键行为事件进行归类和编码，进行分析、归纳，确定能反映优秀教师行为的条目并命名。结合目前我国高校教师的认知，在行为事件访谈中主要从师德、师风、师能方面切入，师能又分为教育教学能力、科学研究能力、组织沟通能力、信息获取能力、压力承受能力等，最后将总结出的胜任指标按照冰山模型，归纳为五个胜任维度，即人格特征、性格特征、心理特征、专业能力及通用能力。

二 基于优秀教师访谈的胜任特征提取结果

通过行为事件访谈，共提取到包括人格特征、性格特征、心理特征、专业能力及通用能力五个维度，25 项胜任特征指标（见表 5—2）。

表 5—2　基于优秀教师访谈的胜任特征指标提取结果

胜任维度	胜任特征指标
人格特征	责任心、正直诚实、严谨认真、积极进取、师德高尚
性格特征	主动、乐观、宽容、耐心、亲和力、洞察力
心理特征	稳重、冷静、承受压力
专业能力	科研能力、教育理论知识水平、实践技能、表达能力、课堂驾驭能力
通用能力	理解能力、组织管理能力、信息获取能力、时间管理能力、个人影响力、学习能力

根据冰山模型理论，基于优秀教师访谈的五个胜任特征维度，其中人格特征、性格特征和心理特征属于冰山下的部分，是内在的胜任特征，较难察觉和测量，也很难通过职后培训而改进，是区分优秀者与平庸者的关键因素，也是甄选教师的重要因素；而专业能力以及通用能力属于冰山上部分，是完成教育教学工作所要具备的外在能力，易于量化评价，是可以通过后天的学习、培训提升和改进的，因此不是筛选胜任者的决定因素。

但长期以来，我国对承担高校教育教学活动教师的筛选和评价，更多地关注教师在学科专业领域的能力和技能，将学位、职称、研究成果作为考察和评价的主要标准。正如有学者所言：青年人是作为"教师"被聘用的，但是，现实中却主要是作为"研究者"被评价，上海交通大学教师晏才宏、浙江大学教师朱淼华的遭遇，就折射出在教师评价上的一元化，以及在高校教师发展上的责任缺失。[①]

---

① 邓莉：《教师教学学术是教师发展的核心》，http：//www.cnhei.com.cn/News/20140609/201406092136263328.html。

第三节 基于学生视角的胜任特征指标

在"以学生为中心"的本科高等教育变革时期,从学生对教师的评价视角来提取工科类地方本科高校教师的胜任特征指标显得尤为重要。下面从学生问卷调查及对学生选出的"好老师"进行深度访谈,提炼出学生认可的优秀工科类地方本科高校教师胜任特征指标。

一 学生问卷调查分析

(一)不同学生对教师授课内容与方法的感知

为了解学生对教师胜任特征的评价,主要从学生易于感知的授课内容、授课方法、课堂风格、影响听课兴趣的因素及师生课下交往活动等几个方面设计相关问题做进一步分析。

在授课内容上,"不分学科界限的各类知识"和"精深的专业课知识"分列前两位,且遥遥领先于其他选项,表明学生有旺盛的求知欲,以及对专业知识的渴求。这也使我们注意到,对于一个优秀教师而言,渊博的知识、精湛的专业技能应兼而有之,不可偏废其一。

而在授课方法上,学生更倾向于"在自己动手或实践过程中学到知识",但在对学生获取知识的主要途径调查中,实践途径仅排第四位;专题辩论、案例教学、情景模拟等均因形式活泼、互动充分受到学生欢迎。需要指出的是,仅有两成的学生表示出对传统讲授法有好感,而传统的"讲授"教学方法,不管是教师的自我评价(近70%的教师认为讲授内容占80%左右及以上),还是学生评价(70.6%的学生认为讲授内容占80%左右及以上),都占有非常大的比重。这说明,现代的学生更喜欢自己主动地占有知识而非被动地接受知识,因此需要我们加强对教师教学理念和方法的更新与改进。

进一步分析发现,不同年级和性别的学生,喜欢的课堂风格不同。自在随意和影射现实型教学风格更受高年级学生欢迎,幽默风趣的教学风格更受低年级学生欢迎,而沉稳严谨的教学风格不受学生欢迎,各年级均只有不到10%的学生喜欢（见表5—3）。

表5—3　　　　　　不同年级的学生喜欢的课堂风格　　　　　　（%）

年级	沉稳严谨	自在随意	影射现实	幽默风趣
1	6.86	17.71	33.71	41.71
2	6.85	18.42	32.55	42.18
3	6.76	25.12	37.20	30.92
4	3.85	24.62	36.92	34.62

以性别为控制变量，对课堂风格进行百分比同质性卡方检验，如表5—4所示，Pearson卡方值为13.226，自由度为3，双侧显著性概率值小于0.05，达到0.05显著水平，说明性别与喜欢的课堂风格有显著相关性。

表5—4　　　　　　性别 * 课堂风格卡方检验

	值	df	渐进 Sig.（双侧）
Pearson 卡方	13.226[a]	3	0.004
似然比	13.481	3	0.004
线性和线性组合	0.164	1	0.685
有效案例中的 N	1433		

注：a. 单元格（0.0%）的期望计数小于5。最小期望计数为37.62。

进一步交叉分析，对比百分比和调整残差，可知，男生相对女生更喜欢"严谨沉稳"和"幽默风趣"，而女生相对男生更喜欢"映射现实"和"自在随意"。因此，可以用来提醒教师在男女性别比严重失衡的院系，根据学生的性别分布情况采用不同的教学模式和风格（见表5—5）。

表 5—5　　　　　　　学生性别与喜欢的课堂风格交叉分析表　　　　　（人）

			性别	
			女	男
课堂风格	沉稳严谨	计数	26	64
		性别中的%	4.3	7.7
		调整残差	-2.6	2.6
	自在随意	计数	137	162
		性别中的%	22.9	19.4
		调整残差	1.6	-1.6
	影射现实	计数	228	275
		性别中的%	38.1	33.0
		调整残差	2.0	-2.0
	幽默风趣	计数	208	333
		性别中的%	34.7	39.9
		调整残差	-2.0	2.0

(二) 学生教学期待的探索性因子分析

为从学生的视角了解影响教师发展的因素，我们对相关题项做了变量一致性检验及因素分析适当性考察，结果显示，学生问卷的 20 个题项变量（不包括人口学统计特征题项及开放题项）的内部一致性检验，Cronbach 值是 0.9037，具有较好的内部一致性；再对独立样本进行 T 检验，将 T 检验结果未显著的题目予以删除，对不同题项变量上的载荷量进行检验，载荷量之差小于 0.1 的题项说明具有相近的解释力，保留解释力稍高的题项，删除其他相近题项。最终得到 13 个题项变量。

最后，对作为变量考察大学生对教师教学期待和要求的 13 个题项作因子分析的适当性考察，如表 5—6 所示，KMO（Kaiser-Meyer-Olkin）检验值为 0.738，且 Bartlett 的球形度检验的显著性概率 sig 为 0.000 < 0.05，说明 13 个变量具有较强相关性，且适合做因子分析。

表5—6　　　　　　　　　　KMO 和 Bartlett 的检验

Kaiser-Meyer-Olkin in Measure of Sampling Adequacy		0.738
Bartlett's Test of Sphericity	Approx Chi-Square	832.141
	Df	78
	Sig.	0.000

探索性因素分析是进行结构分析的有效方法，主要是利用降维的思想，把有较强相关性的多个指标转化为少数几个综合指标的方法。探索性因素分析提取因子方法有主成分分析法和主因子分析法两种。本书使用主成分分析法。运用主成分分析法对调查数据进行探索性因素分析，如表5—7。从表中可以看出，特征值大于1的因子数有5个，且5个因子的积累方差贡献率为69.427%。选择5个因子对原设计的13个题项变量已有很好的解释力，具有较好的代表性，因此选择5个因子作为学生对教师教学期待的因子。

表5—7　　　　　　　　　主成分分析提取结果

因子	特征值	贡献率（%）	累计贡献率（%）
F1	3.275	26.497	26.497
F2	2.126	15.428	41.925
F3	1.194	10.183	52.108
F4	1.104	9.493	61.601
F5	1.017	7.826	69.427

（三）因子旋转及定义

通过对提取的5个因子进行具有 Kaiser 标准化的正交旋转，旋转在8次迭代后收敛，如表5—8，可以看出提取因子对原变量的解释负载量，根据各因子的符合分布情况，以及每个变量的公因子方差和各公因子所包含的高载荷变量的意义，对5个公因子的含义做出解释并命名。具体为：第一个因子在"个人交流频率""与老师关系""有困难是否愿意向老师求助"变量上有高载荷，这些因素都与学生和老师的亲密度有关，因此，可以定义第一个因子为"师生亲密度因子"；第二个因子在"老师CAI能力""老师双语教学""科研工作介绍"上有高载荷，这与老师的专业能力有关，可以定义第二个因子为"专业技能因子"；第三个因子在"喜欢的授课内容""希望交流内容""老师的最大帮助"变量上有高载荷，这都与授课内容有关，可以定义第三因子为"传授内容因子"；第四因子在"课堂风格""讲授部分所占比重"上有高载荷，这属于课堂讲授方式，将第四个因子命名为"讲授风格因子"；第五个因子在"影响听课兴趣"因素上有高载荷，可以将其命名为"听课兴趣因子"。

从5个因子的递进关系看，师生亲密度的提高，对其他4个影响因子具有促进作用。学生一旦与教师建立亲密关系，就会对教师的教学技能、传授内容、讲课风格进行反馈，从而促进教师反思、改进，在改进的过程中，体现"以学生为中心"的教学理念，激发学生的学习兴趣。项贤明教授在研究教育活动中的主客体关系时指出，在教育活动中，人与人之间的关系是主体之间的交往关系，即教师和学生的相互交往是教学相长的主要方式，对学生成长和教师发展都起到非常重要的作用。

表 5—8　　　　　　　　　正交因子负荷矩阵

变量	F1	F2	F3	F4	F5
x6	0.766				
x7	0.510				
x8	0.754				
x4		0.508			
x10		0.708			
x11		0.648			
x1			0.699		
x5			0.578		
x12			0.527		
x2				0.692	
x9				−0.602	
x3					0.744
x13					−0.516

因此，在数字化网络时代，"以学生为中心"的"学习范式"下，学

生利用网络进行交互性学习的特点凸显，对教师角色的转变提出挑战，教师将不再只是通过讲课来传授知识，而是互动式学习的设计者，在教学发展过程中，教师的职责不再是"讲授知识"，而是要与学生互动，参与学习全过程，与学生一起讨论职业发展规划等。因此，教师要转变观念，树立"以学生为中心"的教学理念，教学模式从"教"向"学"转变，高校及政府，要在政策导向、资助及具体项目开发、平台建设等方面采取有效措施，促进教师沟通、激励等人际交往技能的提高；在教学要求、制度设计上，要求教师要与部分学生交流、座谈，并撰写师生交流报告，提出学生反映的问题及个人解决方案等，提高师生互动频次及效果。

二 "学生心目中的好老师"特征

为进一步了解学生对教师胜任特征的评价，不仅在问卷的最后设计了开放题，要求学生写出自己喜欢的三位老师姓名，并简要给出原因，还连续三年在全校毕业生中开展"学生心目中的好老师"评选活动，评选程序为：（1）以班级为单位召开"我心中的好老师"主题班会，回忆、讨论四年来的授课教师中自己喜欢的好老师，然后进行无记名投票，每班选出3名专业课教师和5名公共课教师；（2）专业评选，各专业将班级评出的好老师进行合并，按得票率推选出2名专业课教师和3名公共课教师；（3）院部评选，以部门为单位，合并各专业推荐的"学生心目中的好老师"候选人，按得票率推荐2名专业课教师和2名公共课教师；（4）职能部门汇总和网络投票评选，职能部门汇总各院部推荐的公共课教师选举情况，并按得票率推荐4名公共课教师候选人和院部推荐的2名专业课教师候选人，然后进行网络投票，每名学生只能为1名专业课教师和2名基础课教师投票，否则为无效票，按得票数排序确定"学生心目中的好老师"评选结果。

观察"学生心目中的好老师"特征发现，知识渊博、科研创新能力强、实践经验丰富、责任心强、严谨认真、和蔼可亲、幽默风趣、个人魅力、冷静、宽容、有耐心、积极乐观等特征在"学生心目中的好老师"身上表现明显。

三 胜任特征指标提取结果

对以上研究结果进行总结、归纳，从"以学生为中心"的视角，提取出工科类地方本科高校教师的胜任特征包含6个维度，18项胜任特征指标，如表5—9所示。

表5—9　基于学生调查的工科类地方本科高校教师胜任特征指标

胜任维度	胜任特征指标
专业知识	渊博的知识、精湛的专业技能、科研创新能力、实践应用能力
教学技能	先进的教学理念、多样的授课方法、丰富的授课内容
通用能力	交流能力、管理能力、表达能力
人格特征	责任心、严谨认真
性格特征	亲和力、风趣幽默、宽容、耐心
心理特征	冷静、稳定

第四节　工科类地方本科高校教师胜任特征模型构建

本书根据基于高校职能的胜任特征指标、基于优秀教师访谈的胜任特征指标以及基于学生视角的胜任特征指标，结合胜任特征冰山模型，以及我国高校教师发展的习性，在征询专家、教师、教师发展工作者意见的基础上，对各项胜任特征指标进行分析、归纳、提炼，构建工科类地方高校教师胜任特征模型及指标体系。

一　工科类地方本科高校教师胜任特征构成

通过以上分析，根据胜任特征冰山模型，结合相关理论，征询专家意见，构建以师德、师风、师能为一级指标的工科类地方高校教师胜任特征。

TOP1：师德——人格、性格、心理等体现特质及动机的特征。

TOP2：师风——个人魅力、行为、风格等体现社会角色认定及自我概念的特征。

TOP3：师能——专业知识、教学能力、实践应用及创新能力等体现专业知识与技能的特征。

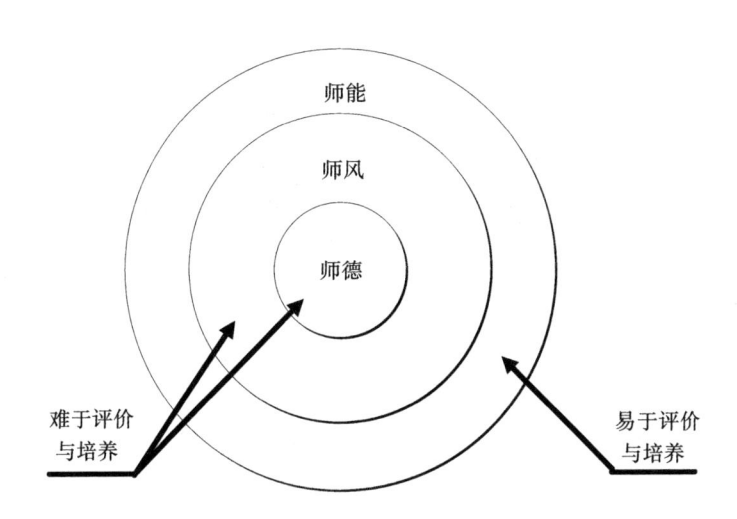

图5—1　工科类地方本科高校教师胜任特征构成模型

教师不仅是一种职业，更是一项神圣的事业，高尚的师德是成为一名教师的首要条件和必要条件，也是一个社会人成为一名教师的"内需力"，是选择教师职业的动机和价值取向，只有对成为教师存有渴望，才能使其对教师的称谓有所敬畏，从而转化为对学生的爱，对知识的渴求，对自身价值实现的追求。

师风是基于教师的态度和价值观的行为方式与风格，也是师德的具体呈现以及自我认知的体现。在前面的调查中发现，目前教师的自我认知与学生对教师的认知相比，教师的自我认知相对较好，而学生对教师的评价较低，进一步从工科类地方高校学生的培养质量、就业状况、社会认可度等来看，教师师风还有待提升，这也反映出目前工科类地方本科高校教师的从业动机、价值观等还存在问题，在师德师风建设方面还需要进一步加强。

师能是指教师需具备的知识和技能，对于工科类地方高校教师，理论知识的获得主要通过大学阶段、研究生阶段的学习。特别是近几年工科类地方高校引进的教师一般具有博士研究生学历，他们系统地学习了相关专业的理论知识，并具有一定的研究能力，但在结构化地运用知识完成某项具体工作的能力方面还存在不足。在调查中发现，41.6%的教师认为基础理论知识能较好满足，实践创新能力欠佳。而就能力的提升来说，教师发展的"内需力"起关键作用。特别是高等教育转型对教师的能力和要求提出新的挑战，教师的理念、社会定位和自我认知仍然停留在传统的教学模式上，调查中也发现，教师发展的内在需求不高，特别是对实践、创新能力的要求还要着重加强。

虽然有学者认为，人格、性格、心理等特质是不易通过后天的努力而改变的，但社会的发展、环境的影响、团队的凝聚，以及个人综合素质的提升，对教师的价值观、态度的影响也是显而易见的，因此，师德建设是一项长期而艰巨的任务，也是社会、国家、高校、个人共同关注、努力的方向，是促进教师发展的内在动力。近年来，国家从法律法规、政策制度层面对加强高校教师师德师风建设提出了具体要求，全社会对教师的关注度也日益提高，教师队伍的整体素质也不断提升，这些都为教师发展奠定了坚实基础。

结合胜任特征冰山模型，工科类地方本科高校教师胜任特征构成及被挖掘和培养的难易程度如图5—1所示。

二　工科类地方本科高校教师胜任特征要素

通过对基于高校职能的胜任特征指标、基于优秀教师访谈的胜任特征指标以及基于学生视角的胜任特征指标进行分析、归纳和提炼，构建工科类地方本科高校教师胜任特征模型，包括3个一级指标、11个二级指标、36个三级指标，如表5—10。

TOP1：师德——人格、性格、心理特征，包括12项三级指标。

TOP2：师风——个人魅力、学习风气、教学风格，包括12项三级指标。

TOP3：师能——专业能力、教学能力、实践能力、创新能力、组织交流能力，包括12项三级指标。

对于不同学科、不同发展阶段的教师，结合工科类地方本科高校教师胜任特征指标体系，应设计不同的发展目标。如对工科教师的工程实践能力要求更高，对于文管法等学科教师，更偏重于要求他们具备解决实际问题的能力。另外，从访谈中发现，工科类地方本科高校不同学科教师的工程思维能力都要提升。

表 5—10　　工科类地方本科高校教师胜任特征要素提取结果

一级指标	二级指标	三级指标	对应内容
师德	人格特征	正直诚实、尊重他人、严谨认真、敬业、成就感	个人发展
	性格特征	热情主动、积极乐观、亲和宽容	
	心理特征	理性、自尊、情绪稳定、承受压力	
师风	个人魅力	健康、幽默、气质高雅、行为示范	教学发展
	学习风气	勇于探索、追求真理、终身学习、恪守规范	
	教学风格	因材施教、艺术性、感染力、多样性	
师能	教学能力	教学理念及设计、组织评价与管理	专业发展
	专业能力	知识渊博、行动学习、跟踪前沿	
	实践能力	工程思维、工程设计及解决实际问题能力	
	创新能力	科技创新能力、教学创新能力	
	组织交流能力	表达能力、合作交往能力、环境营造及适应能力	组织发展

主要是因为"工科类地方本科高校"工科较强，已形成相应的特色学科群，如案例高校为打造纺织服装类特色学科群，其管理、贸易、法律等专业提出要围绕特色学科群建设相应的特色学科专业，这就要求其他学科教师对特色学科要有一定的了解，具有一定的工程思维能力，以便更好地服务于特色学科，为地方经济发展培养独具特色的高级应用型人才。对于入职初期的青年教师，在压力承受、教学风格、个人魅力以及师能方面的要求稍低，而对于高级职称教师，在相应的能力指标上就要提出更高的标准。同时，由于个体的不同，教师在进行职业生涯规划时，也要结合自己的特点，设计适合个人和谐发展，有利于知识创新、智慧成长、优良品质养成、个性独立、自由发展的个体发展目标。

三　工科类地方本科高校教师胜任特征模型构建

为构建工科类地方本科高校教师胜任特征模型，同时检验基于高校职能分析、优秀教师访谈、学生视角提取的教师胜任特征要素与归类的合适性,本书编制了工科类地方本科高校教师胜任特征量表,并进行问卷调查。通过对回收数据的分析构建工科类地方本科高校教师胜任特征模型。

(一)问卷设计与数据收集

问卷除设计胜任特征要素题目外,还包括调查教师的基本信息,如性别、年龄、教龄、学历、职称等,另外,考虑胜任特征是表征优秀绩效个体特征的集合,是区别高绩效教师和低绩效教师的重要标准,因此,问卷发放以各高校近三年年度考核优秀的教师、河南省教学名师、青年骨干教师、"学生心目中的好老师"等作为调查对象,并在题项中设计"你认为自己的个人绩效是否可以排在学院的前20%"(根据20/80原则),回答"否"的作为无效问卷剔除。问卷在河南省工科类地方本科高校(12所)发放,共发放600份,收回562份,回收率为93.7%,有效问卷506份,有效率为90%。

通过对有效问卷进行描述性统计发现,在工科类地方本科高校,高绩效教师中,男性比例明显高于女性(61%和39%);在年龄方面,30—45岁的教师占比较高,达78%,说明中青年教师是工科类地方本科高校的主要力量;在学历学位、职称方面,具有博士学位的教师占比为29%,具有硕士学位的教师占45%,而具有副教授、教授职称的教师占据绝大多数(76%),说明工科类地方本科高校教师一般具有较好的教育背景,以硕士研究生为主体,职称仍是评价教师专业学术水平的重要指标;在教龄方面,90%以上的填答者工作3年以上,57%的填答者具有8年以上教龄,可以表明被调查教师对所在学校的办学定位、目标有比较全面的了解,对教师的胜任特征有较强的认知和理解,一定程度上保证答题的客观性和真实性。

(二)项目分析

项目分析包括内部一致性检验和T检验。通过内部一致性检验发现,Cronbach值为0.8136,具有较好的内部一致性;T检验基本原理是在检验方差齐性的基础上,计算问卷每一题项的T值及其显著性(sig.),将

T检验结果未达到显著水平的题项进行删除或修改,[①] 对不同题项变量上的载荷量进行检验,载荷量之差小于0.1的题项说明具有相近的解释力,保留解释力稍高的题项,删除其他相近题项,或对题项进行修改。分析发现：正直诚实与尊重他人,严谨认真和敬业,理性与情绪稳定、承受压力,追求真理与勇于探索、追踪前沿等,具有相近的解释力,进行删除和修改。最终得到22个胜任特征指标（见表5—11）。

表5—11　　修正的工科类地方本科高校教师胜任特征指标

一级指标	二级指标	三级指标
师德	人格特征	严谨认真、责任心、成就感
	性格特征	风趣幽默、亲和宽容
	心理特征	冷静理性、自尊健康
师风	学习研究	探索真理、恪守规范
	教学风格	因材施教、多样性
师能	教学能力	教学理念及设计、学生评价与管理
	专业能力	知识渊博、行动学习
	实践能力	工程思维、工程设计及解决实际问题能力
	创新能力	科技创新能力、教学创新能力
	组织交流能力	表达能力、合作交往能力、环境适应能力

（三）探索性因子分析

随机选取有效问卷中的一半（253份），利用SPSS19.0进行因子分析。通过KMO和Bartlett球形检验，KMO值为0.895，Bartlett球形检验0.000统计显著水平（<0.001），说明适合做因子分析。然后采用主成分分析法及方差旋转法，旋转在8次迭代后收敛，对因子数目按照特征值大于1进行选取，最终获得5个因子，如表5—12所示。

从表5—13可以看出，5个因子的解释力为75.45%，且Cronbach a系数均大于0.7，说明5个因子具有较好的内部一致性。根据各因子所包含的内容，以及教师发展的5个方面，将5个因子分别命名为个人特质

[①] 吴明隆：《问卷统计分析实务：SPSS操作与应用》，重庆大学出版社2010年版。

维、教学能力维、专业能力维、实践能力维及组织发展维。

表 5—12　工科类地方本科高校教师胜任特征探索性因子分析结果

因子代码	因子名称	胜任特征要素	旋转后的因子载荷					Cronbach a
F1	个人特质维	责任心	0.645					0.872
		严谨认真	0.647					
		成就感	0.732					
		风趣幽默	0.725					
		亲和宽容	0.592					
		冷静理性	0.671					
		自尊健康	0.585					
		探索真理	0.784					
		恪守规范	0.673					
F2	教学能力维	因材施教		0.762				0.901
		多样性		0.543				
		教学理念及设计		0.751				
		教学创新能力		0.621				
		学生评价与管理		0.569				
F3	专业能力维	知识渊博			0.876			0.745
		行动学习			0.572			
		科技创新能力			0.625			
F4	实践能力维	工程设计及解决实际问题能力				0.652		0.948
		工程思维				0.728		
F5	组织发展维	表达能力					0.546	0.716
		合作交往能力					0.671	
		环境适应能力					0.621	
特征值			1.010	1.427	1.210	1.025	1.142	
累计方差贡献率（%）			24.75	44.18	61.29	72.08	75.45	

（四）验证性因子分析

在探索性因子分析的基础上，选取剩余的253份问卷，进行验证性因子分析。验证性因子分析一般通过结构方程建模来进行,本书采用 AMOS17.0 软件进行,得到的验证性因子分析路径如图 5—2 所示。工科类地方本科高校教师胜任特征模型的拟合情况如表 5—13 所示。

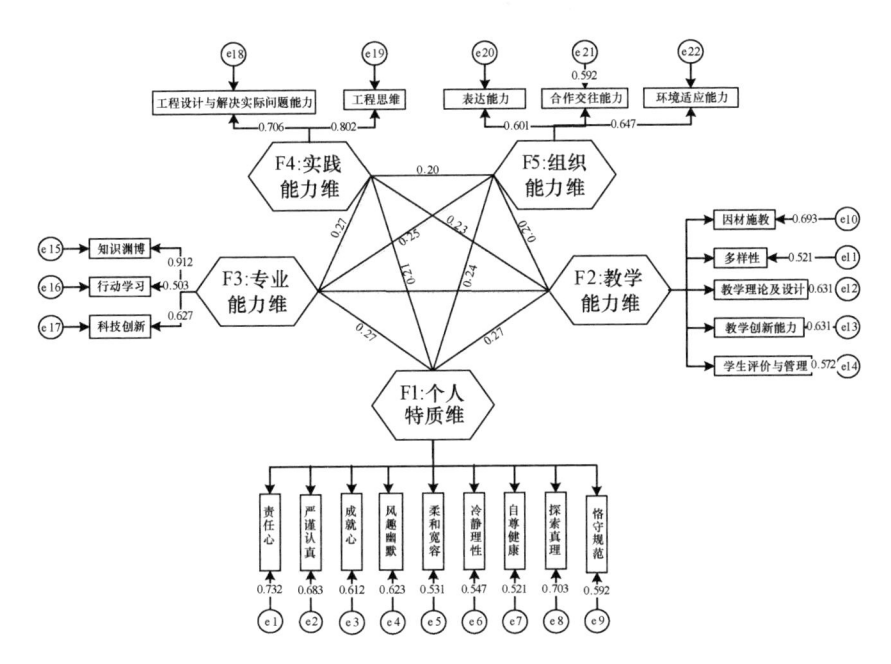

图 5—2　工科类地方本科高校教师胜任特征模型验证性因子分析路径

由图 5—2 可以看出,每项胜任特征要素在各自因子上的载荷系数均大于 0.5(绝大部分大于 0.6),表 5—13 显示,$X^{2/df}$、RMSER、RMR 较为理想,而 GFI、CFI、TLI 值虽未达到经验值水平,但都比较接近,可以认为基本达到经验值。综上分析,本书构建的工科类地方本科高校教师胜任特征模型通过验证性因子分析检验。

表 5—13　工科类地方本科高校教师胜任特征模型拟合参数统计情况

检验指标	$X^{2/df}$	GFI	CFI	TLI	RMSER	RMR
经验值	<5	>0.9	>0.9	>0.9	>0.1	>0.1
模型值	2.461	0.962	0.894	0.902	0.096	0.098

本章通过对工科类地方本科高校的职能特点、优秀教师访谈、"学生心目中的好老师"访谈以及学生问卷调查，分别提取工科类地方本科高校教师的胜任特征要素，并进一步整理、归纳、对比，合并、删减与完善，提炼出工科类地方本科高校教师胜任特征要素，并制定量表，设计调查问卷，进一步对高绩效教师调查，运用探索性因子分析方法构建工科类地方本科高校教师胜任特征模型，并进行验证性因子分析。通过规范的实证研究，建立工科类地方本科高校教师胜任特征模型，包括5个维度，22项胜任特征要素。胜任特征模型的构建将对工科类地方本科高校教师遴选和培养指明方向，是工科类地方本科高校教师发展的目标，促进教师发展项目和内容的设计更加规范、科学，进一步推动工科类地方本科高校教师发展。

第 六 章

工科类地方本科高校教师发展策略研究

中世纪的大学,是学者基于共同的思想焦虑与知识渴求而整合在一起形成稳定的学术社群。[①] 而今天,高校教师职业以其稳定的收入、灵活的工作时间、自由和松散的教学管理等因素备受年轻学者(博士、硕士研究生)的青睐,工科类地方本科高校亦是如此,而面对社会对高等教育质量的诘问,学校的要求也越来越多,教师的挑战和压力也越来越大。高校的管理、评聘、考核制度成为评量教师工作价值的标准化指标,教师工作的首要目标是满足学校规定的业绩指标,而无暇专注于"教书育人"和价值追求,日益成为"没有灵魂的专家"。为促进教师发展,为工科类地方本科高校教师注入"灵魂",本书以全视角学习理论、学习型组织理论以及职业生涯管理理论为指导,依据构建的工科类地方本科高校教师胜任特征模型,结合对案例高校的深入调查和分析,从建立共同愿景、理清发展思路,明确发展内容、确立发展目标,完善发展模式和途径,加强组织保障等方面,提出促进工科类地方本科高校教师发展的建议策略。

第一节 建立共同愿景,理清发展思路

理念是行动的指南。教育是最具生命性的事业,教育是为人的发展

[①] 罗云:《大学教师发展:从实践回归理论的探究》,《中国高教研究》2013 年第 9 期。

而存在的。① 高校教师是学校发展的第一资源,是知识的生产者,思想观念的辐射源,是改革人才培养模式、创新教育教学方法的主体,是高校事业发展的动力,一定程度上决定着社会的进步与文明的进程。工科类地方高校教师由于其先天的不足,存在年轻教师职业认同度较低,职业理想模糊,目标不清晰等问题,要促进工科类地方高校教师发展,使他们更好地教育学生,促进学生全面发展,为地方经济社会发展培养优秀人才,就一定要有清晰的工科教育理念。例如,美国高校坚持实用主义哲学理念,促进教师理论联系实际,促进教师发展。而我国正处在高等教育大变革时期,国家提出培养应用技术型人才、建设应用技术型大学战略,因此,我国工科类地方高校要进一步理清发展思路,明确人才培养定位,基于工科人才特点,建立共同愿景,系统思考,构建学习型校园,激发教师主动学习、自我完善的动机和"内需力"。高校领导层要进行系统的顶层设计,充分认识教师发展对学校事业发展的关键作用,明确促进教师全面发展的理念;管理层要理清思路,全面实施,营造氛围,分析不同发展阶段教师的需求,明确发展目标,正确引导教师发展与学校发展、社会需求相融合,达到共同提升的目的;教师发展工作者要以此为起点,深入调查、分析,了解教师需求,明确不同学科教师、不同发展时期教师的具体需求内容,与教师共同设计、选择不同的发展途径,开发针对性的教师发展项目,真正促进高校教师全面发展。

一 坚持"以教师为本",全面发展的理念

教师是学生的引路人,教师的行为、学识、处事态度甚至会影响学生的一生,如果教师发展不能坚持"以教师为本",那么我们又如何能奢求教师培养学生"以学生为本""以学生为中心",以促进学生全面发展为目的呢?因此,在教师发展的实践中,要始终坚持"以教师为本"的原则,树立促进教师个体在不同纬度、不同层次全面发展的理念。学习美国教师发展项目"需求—设计—实施—反馈"的路径,坚持以教师需求为出发点,实践教师全面发展的理念。例如,从调查中得知,工科类地方本科高校教师群体职业认同度高,但年轻教师职业认同度较低。职

---

① 冯建军:《教育与生命》,教育科学出版社 2009 年版。

业认同是树立职业理想、定位的基础，是问题的根源。较低的职业认同感，必将导致职业理想不坚定，职业发展目标不清楚等一系列问题。因此，对年轻教师发展，要加强引导，从理解工科类地方高校发展思路、发展理念、人才培养定位、社会需求入手，使他们逐步融入学校，建立与学校共同发展的信念，激发提升自身素质和能力的"内需力"，增强主动提升个人能力的愿望，以满足高校人才培养的需求。教师发展要以年轻教师个体需求为本，增强他们的职业认同感。

促进工科类地方本科高校教师全面发展，一定要使教师发展成为健全的社会人，信任教师从一个社会人成为一名高校教师的动机，要以教师个体需求为导向，了解不同学科背景、不同发展阶段教师的需求，根据教师发展阶段理论及相关学习理论，从入职初期的适应性转变，到教育理念、教学方法、技能的提升；从工作压力的疏解、释放，到教师个体的身心健康；从晋升需求，到职业理想的确立；从教学发展到专业发展、组织发展和个人发展的各个方面，帮助教师设计符合自身发展的职业生涯发展规划，提升教师的职业认同感，提供全方位的教师发展项目，营造学习型校园文化，帮助教师全面发展。

二 坚持教师发展与学校事业发展统一，融合共生

教师是学校发展的动力与支撑，学校是教师发展的平台和依托，教师发展和学校发展是相互依存，相辅相成的。工科类地方本科高校由于其自身的特殊性，一方面要提升教育教学质量，培养适合区域经济社会发展的高级应用技术型人才；另一方面又受现行的高等教育体制、评价制度的影响，不得不快速提升科研实力。因此，其发展模式、考评体系、项目实施等缺乏针对性，量化指标明显。如 ZY 大学提出"争取博士点"战略，对科研成果的质量和数量都有比较高的要求，也出台相应政策促进教师发展，但教师个体如何将个人发展与学校事业发展相统一，将个人事业融入学校事业发展之中？这就要求工科类地方本科高校的教师发展政策及实施以促进教师成长、实现自我价值为出发点，以实现人才培养、实现学校战略发展为目标，既考虑学校事业发展，又考虑教师个体差异，关照教师个体需求，使教师个体发展与学校事业发展融合共生，实现双赢。

三 坚持"师德为上",加强青年教师师德师风建设

高尚的师德是教师的首要品质。师德是教师的从师根本,也是教师发展"内需力"之源。因此,教师发展应将师德建设放在工作的首位,建立师德师风建设长效工作机制,才能保证教师在教学发展、专业发展、个人发展和组织发展方面的全面提升。但从胜任特征模型可以看出,师德属于难以发现和改变的内隐性特征,因此,工科类地方本科高校一方面应在入职筛选中进行全面考察,另一方面应加强学习型校园文化建设,建立共同愿景,营造教书育人、尊重教师、关爱学生的良好校园环境,同时,政府、社会积极引导,营造尊师重教的社会氛围,对年轻教师起到潜移默化的作用,提高教师的职业认同感,促进优良师德的养成,挖掘教师发展的"内需力"。

四 坚持个体差异,整体与个体共同提升原则

根据教师发展规律,在不同的教师成长阶段,不同学科教师,甚至同一教师在面对不同学生时的需求也不尽相同,因此,在促进教师整体素质提升的同时,教师发展要结合教师的个体差异,解决教师在不同发展阶段、面对不同问题时的实际问题,有针对性地开发教师发展项目,促进教师个体差异性发展,进而促进教师队伍整体水平的提升。例如,ZY大学教师存在发展不均衡问题,教学发展、个人发展弱化,教师发展项目缺乏针对性。因此,ZY大学在推进本校教师发展制度化的过程中,要统筹考虑,科学设计,既要增强针对性,坚持个体差异原则,又要发挥优势,保持合理性,促进教师相互借鉴、学习,共同提升。

第二节 明确发展内容,确立发展目标

工科类地方本科高校教师胜任特征模型的5个维度和22项指标,是教师发展的基本内容。研究发现,在不同的职业发展阶段,高校教师面临的问题和困难不同,需要不同,发展内容不同,目标各有差异。但从调查情况看,工科类地方本科高校教师发展定位偏高,阶段性目标不清

晰。因此，根据工科类地方本科高校教师特点，结合胜任特征模型，以教师发展阶段理论为指导，进行系统思考，明确不同发展阶段教师的需求，确定教师需要的具体内容，明确发展目标，增强发展项目的针对性和实施效果，是满足教师发展需求的起点和落脚点。下面按照教师发展的四个时期进行具体阐述。

一　入职初期（进入期）

入职初期是指教师走上教师岗位1—3年。近年来，工科类地方高校入职初期的新教师一般为重点高校或研究机构博士研究生（少数专业为硕士研究生），入职前经历了严格的筛选和选拔，理论基础和专业素养基本能满足需求，但他们大部分初次进入学术职业领域，面临从学生到教师角色的转变、环境的适应，以及对薪水、福利的满意度，工作、家庭压力的冲击，同事、师生关系等一系列问题，由于我国缺乏高校教师入职前的培养制度，新入职教师往往一时难以适应新环境。因此，目前各高校都开始进行新入职教师岗前培训，内容包括高等教育及高校发展、教育理论入门（高等教育学基础）、基本教学方法（如何备课？如何上好一堂课？等等）、教师礼仪、职业道德、学校制度、教师职业发展等，时间一般为一周，以讲授形式为主，要求新教师参加。从调查情况看，新教师岗前培训的主动参与积极性并不高，但也有一些效果，从图6—1、图6—2可以看出，新入职教师的职业定位和职业生涯目标均高于发展中

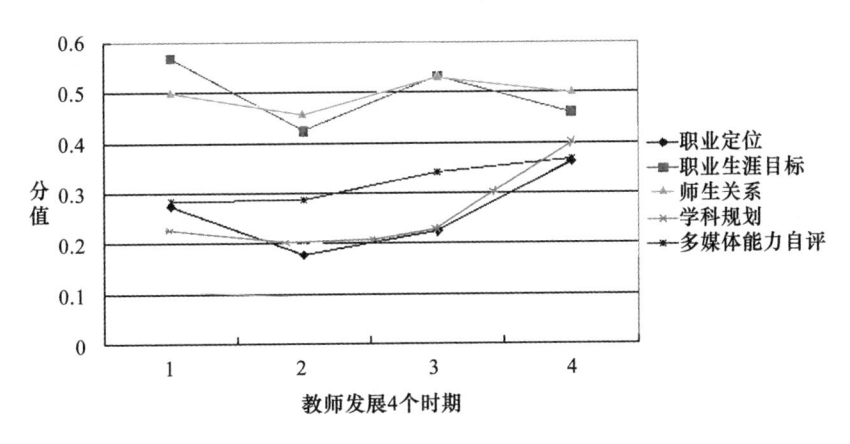

图6—1　不同发展时期教师职业认知

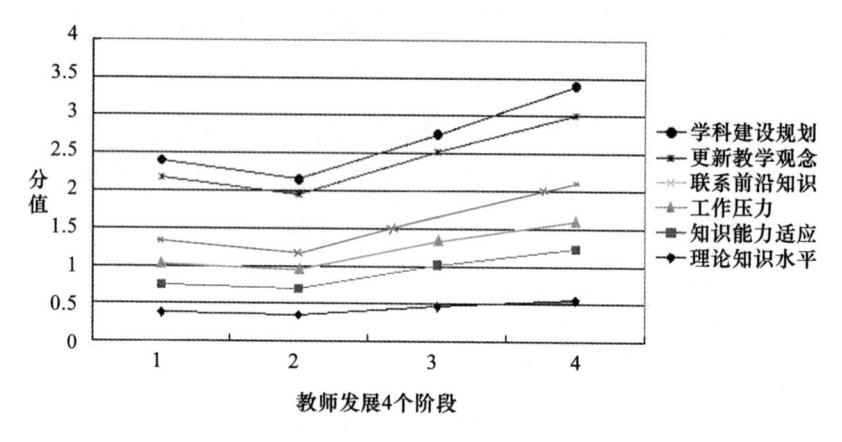

图 6—2　不同发展时期教师自我认知

期的教师，师生关系较好，说明入职 1—3 年的新教师自我认可度较高，对工作充满自信，但持续的影响力较小。随着对环境的适应，工作压力、社会环境等的影响，教师在职业发展中期陷入低谷。

结合我国研究生教育的特点，借鉴美国"未来教师培养计划"项目、德国政府规定的教师教学理论知识培养项目等，应科学设计新入职教师岗前培训内容。如根据新教师的个人实际及学科专业特点进行系统规划，项目设计与实施一方面要关注教育理念、教学专业技能提高、高尚师德的养成、教师职业规范及礼仪、校园文化、规章制度等内容，使新入职教师尽快熟悉环境，转变角色，站稳讲台；另一方面，要检查评估内容的针对性和切实性，实施效果及影响力，针对发展退化现象，及时更新和强化，以保证持续的发展效果。如在新入职教师参加培训半年或一年后，组织教师反思讨论入职培训以及自主学习在工作中对教师发展的促进作用，并有针对性地警醒教师在入职前 3 年期间，加强自我发展的主动性，挖掘潜力，努力提高教学技能、个人素质以及专业能力，并制定相关政策，激励教师积极参与政府、社会、企业、学校等组织的教师发展项目。

对于入职初期的教师，发展目标主要为：尽快适应教师岗位，根据个人情况进行压力疏解，学习先进的教育教学理念，促进高尚师德养成；掌握基本的教学技能，能比较灵活地应用现代化的教学方法；了解大学生心理特点，基本掌握与学生交流、沟通的技巧与方法。引导新入职教师做好入职初期发展规划，分析自身优势和不足，开展行动研究，加强反思学习，在不同的方面进行发展和提升。

二 成长发展期（从教3—10年）

调查发现，处于成长发展期的教师，随着工作的投入和深入，自我认可度降低，对学校的忠诚度降低（在所有发展阶段中最低），甚至感觉不如入职初期时工作顺利，加上职称评聘、科研申报、师生关系、教学任务等，对自己的专业理论知识、实践能力以及教学方法等都表现出不自信的特征，与入职初期相比，更加成熟，但感觉压力更大，这也是青年教师成长中的烦恼。

对于发展需求，成长发展期的教师倾向于专业发展，如科研能力提升、学科发展前沿，以及人际交往能力等；对于教学需求，我们在访谈中了解到，工作3—5年后，对于基本的教学方法，教师们基本掌握，由于环境的压力（重科研轻教学、重成果轻过程等），尝试新的教学方法的积极性不高，工作重点转移至科研、学科建设等方面，申报课题、发表论文、培养研究生是成长发展期教师的工作重心。但成长发展期教师是工科类地方本科高校教师队伍的主力军，占教师总数的近一半（46%），承担着学校半数以上的教学任务。因此，成长发展期教师的发展目标除满足教师自身发展需求外，在组织发展、个人发展和教学发展方面要进一步加强，学校应制定鼓励成长发展期教师积极参与教学改革的政策、措施，提高成长发展期教师自我发展的"内需力"；增强他们的自我认知度、职业认可度以及对学校的忠诚度，形成自己的教育教学风格，增强个人魅力，增强自我调适和压力疏解能力。同时，高校、政府和社会要为成长发展期教师搭建发展平台，寻找发展空间，引导教师树立先进的教育理念，明确目标定位，将个人发展融入学校发展之中，与学校共同发展，实现自身价值。

尤其对于新晋升高一级职称的教师，要激励他们有更高的个体成长与发展需要，设计不同的发展内容，如讲师职称后，要加强实践教学能力、科研创新能力及提升教学理念等；同时，要对教师的发展需求进行调查，选择教师需求与学校发展目标相一致的内容，确定发展目标，再进行具体项目的设计和实施。在晋升高级职称后，更要参与相应的教师发展项目，不断更新教学理论、理念、课程设计、课堂组织、与学生交流等方面的知识并提高相应的能力，在科研方法、社会服务、应用开发及创新方面注入新的内容，使个体成长更进一步。

三　发展成熟期（从教 10—20 年）

处于发展成熟期的教师，已成为高校教育教学、科学研究的骨干力量，经过 10—20 年的高校教学经验的积累，他们在教学、研究等方面都比较成熟，对自己职业定位和职业生涯目标都有更进一步的思考。从调查访谈可以看出，发展成熟期的教师职业认知和自我认知均处于上升期，绝大部分教师具有自己的发展目标和人生追求，具有一定的发展自主性。

对这个时期的教师，应进一步激发他们的发展"内需力"，鼓励他们走出校门，与其他高校、企业合作，发展多方面的能力，特别在实践应用能力方面要有所突破，将理论应用于实际，解决企业一线实际问题；在建设学习型组织文化中发挥积极作用，指导青年教师提高师德修养、提升专业素质和水平，发挥"传帮带"作用，为青年教师树立榜样；在指导青年学生，培养卓越工程师方面，发挥个体优势，教书育人，为人师表，做出积极贡献。

四　职业衰退期（从教 20 年以后）

每一位教师经历入职初期、成长发展期、发展成熟期后，已逐渐成为一名合格的高校教师，甚至可能成为教学名师、教育专家，但由于国家政策的制约，以及个体健康状况的影响，到教师职业的晚年（55 岁以后），即职业衰退期，教师发展将面临新的课题，一方面要继续发挥老教师的积极贡献力量，另一方面要保证老教师的身心健康，教师发展目标主要转至老教师的心理调适，对新教师的指导、帮助，以及经验反思、传授，把握学科发展方向，指导青年教师在专业发展、教学发展以及组织发展和个人发展方面的提高和改进，使衰退期老教师感到生活丰富，幸福快乐，为自己是一名高校教师而感到无比的自豪。

教师是高校加强内涵建设、提升教学质量的关键。工科类地方本科高校教师发展是为地方经济建设培养高级应用型人才、培养"卓越工程师"的基本保证。研究显示，在不同的职业发展阶段，不同学科、不同性别的教师面临的问题和困难不同、发展目标不同,因此发展需求内容也有差异,因此,各高校应根据这些差异开展丰富、多元化的教师发展活动,为不同需求的教师提供全方位的服务,使教师个体切实参与到教师发展项目中来,体验个体成长与发展的快乐。

第三节 完善发展模式,科学设计实施发展项目

模式(Pattern)是解决某类问题方法的总结归纳,是解决某类问题的方法论。模式具有三个特点:一是现实的再现,来源于现实,又终归于指导现实的改变;二是理论的形式,而非公益性方法、方案或计划;三是简化的形式和理论结构。[①] 高校教师发展模式就是解决高校教师发展问题的方法论。

目前,工科类地方本科高校教师发展并没有固定的模式可循,方法各异,发展项目实施僵化,效果不理想。要提高教师发展效果,尤其是工科类地方本科高校教师发展,就要对现有的方法进行总结归纳,运用科学的理论和方法,构建不同的发展模式,进而在发展模式的指导下,选择不同的发展途径,以满足教师发展需要,提高教师发展效果。

一 教师发展模式

包正委等人对美国高校教师发展模式进行研究,认为美国高校教师发展从聚焦于个体的模式到聚焦于组织的模式,再到聚焦于制度化的模式,各具特点,适用于不同的高校教师发展阶段。不同的教师发展模式并不能相互取代,而是在不同阶段各有侧重。总体上,模式演进的历程在一定程度上反映了高校教师发展从零散、自发走向整体、系统的趋势。我国高校教师发展只有十余年的历程,目前还处于探索、发展时期,在前期分析的基础上,根据我国工科类地方本科高校教师发展工作开展情况,借鉴美国、日本、德国等高等教育发达国家高校教师发展实践经验,建议我国工科类地方本科高校教师发展可以选择以下四种模式:示范中

---

① 叶芬梅:《当代中国高校教师职称制度改革研究》,中国社会科学出版社2009年版。

心辐射模式（Demonstrationl—center Radiation Model，DRM）、教师发展促进联盟模式（FD Alliance Model，FDAM）、校园中心模式（Campus Center Model，CCM）、院系项目模式（Department - Project Mode，DPM）。各种模式可单独使用，也可以交互使用，互相补充，以达到促进不同学科、专业教师全面发展的目的。

（一）示范中心辐射模式（DRM）

借鉴美国多校区中心模式以及校园中心模式经验，结合我国国家级教师发展中心建设，工科类地方本科高校教师发展首先选择示范中心辐射模式，全面推进教师发展。

示范中心辐射模式以国家级或省市等地方政府批准和资助的教师发展示范中心为核心，充分发挥各级教师发展示范中心的作用，优化资源，共享优质资源，促进区域内或行业内教师发展。示范中心辐射模式的推进可以由教育部、地方政府统筹，也可以自发形成，如西南地区高校教师发展联盟。30个国家级教师发展示范中心充分发挥各自优势，开发相应的教师发展项目，设计不同的发展内容，如华中科技大学教师发展示范中心，发挥工科特点，辐射中南地区及全国工科类高校，为工科教师专业发展提供优质服务和支持；各师范类大学教师发展中心，发挥其在教育教学理论、方法方面的研究优势，结合高等学校教师、大学生特点，理论联系实际，开发设计适合高校教师发展的内容和项目，帮助高校教师快速理解教育理念，掌握教育教学方法，指导开展教学研究，促进高校教师全面发展。

示范中心的发展内容，主要为个人基本特质、师德师风以及高层次的专业发展等。例如，借鉴美国、日本等国家"未来教师发展计划"，结合我国师范教育主要面向培养中小学教师的现实，我国30个国家级教师发展中心应担负起培养"未来高校教师"的重任，不仅要开发面对面的高校教师发展项目，满足周边区域高校的年轻教师和将要从事高校教师职业的群体需求，还要开发线上课程，为培养"未来高校教师"提供平台，特别在基本素质培养、教育哲学、理念等方面，为我国高校教师发展做出积极贡献。

示范中心开发的高校教师发展项目应具有带动性和前瞻性，可以根据不同类型高校教师特点进行设计，如针对工科类地方本科高校教师现状和人才培养定位需求，定向开发并培养未来教师。同时，示范中心开发的教师发展项目应通过政府公告、互联网等多种方式进行发布，各高校根据人才培养及个人发展，选择不同的项目参加，主要包括教学理念、方法的培训，"习明纳"及教学咨询项目等。以胜任特征模型的个体特质维和专业能力维为主，兼顾教学发展、组织发展等维度。

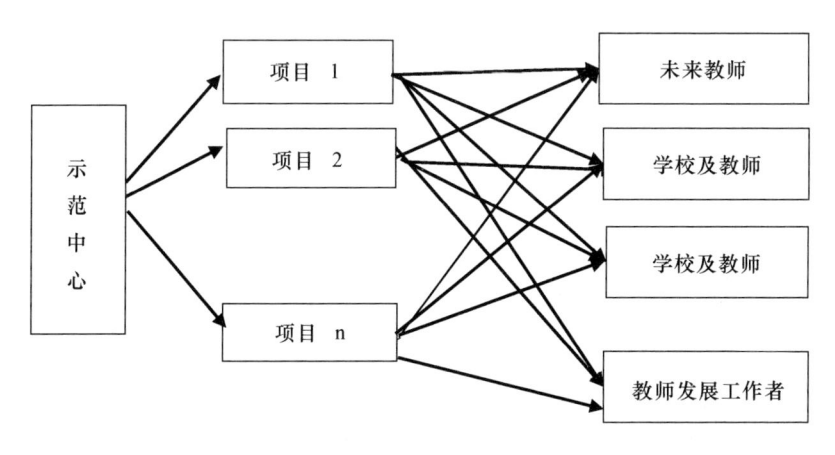

图6—3 示范中心辐射模式

示范中心的建设由政府或高校支持，经费主要为政府拨款或高校预算经费，同时，参与教师可根据需求支付一定的费用。

例如，全国教师发展示范中心之一的华中科技大学教师发展中心，凭借学校以及高等教育学科的优势，应充分发挥其工科特点以及示范中心的作用，通过网上公开课程、假期"习明纳"、学科项目等，在培养工科教师未来教师、教师发展工作者，以及对河南、湖北、湖南等中南地区工科类地方高校在职教师通用能力等方面，发挥其应有的积极作用，特别在教师发展专业人员培养、教师发展理念的形成等方面起到引领、引导作用，对推动高校教师发展、服务地方、服务社会等方面做出应有的贡献。

（二）教师发展促进联盟模式（FDAM）

前已述及，工科类地方高校应为社会培养高级应用技术型人才，促进教师发展与促进学生发展、高校事业发展相统一，工科类地方高校教师发展离不开社会组织，特别是行业协会的参与和支持。教师发展促进联盟模式就是由社会组织和行业协会等机构、高校和专业院系组成的教师发展促进中心，致力于促进某一专门学科领域的教师发展工作。

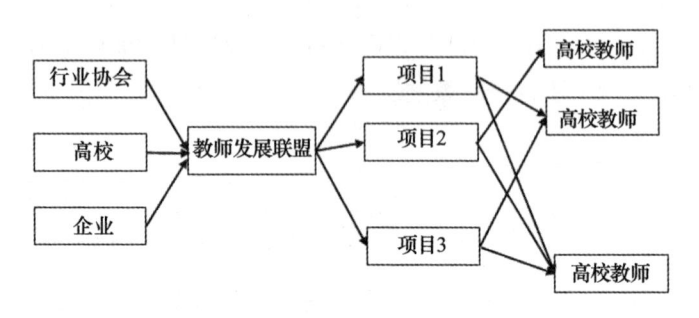

图6—4 教师发展促进联盟模式

教师发展促进联盟模式一般以提高教师某一方面能力的特殊目的为使命，特别是对行业规范及其职业道德的培养，肩负主要责任。教师发展促进联盟一般应依托专业协会或高校协同创新中心，成立高校教师发展办公室，并配备具有相应专长的促进教师发展的工作人员，为具有特殊需要的教师提供发展服务的模式。该模式主要借鉴美国高校特殊目的教师发展中心模式经验，经费以政府支持、学校预算经费（参与学校）以及对外服务收入为主要来源。

联盟中心一般由学校与社会组织联合设置，以提供专门的、高质量的特种服务为主，也可以由学校单独设置，或由社会组织单独设置，聘任相应的高素质技术人员。教师发展促进联盟模式是社会参与度较高的教师发展模式，对在全社会范围内形成尊师重教的良好氛围，促进高校与社会的交流、合作，发挥高校服务社会的功能等方面有积极作用。因此，这种模式对教师的主动参与度、自我形象塑造、反思成长等方面要求较高，在教师的专业发展、组织发展及个人发展等方面均会起到很好的促进作用。

如ZY大学分析自身的学科优势和特点，结合人才培养定位和服务社会、企业的状况，以河南省优势特色学科和纺织服装产业协同创新中心为依托，形成独具特色的纺织服装学科教师发展联盟，既能克服传统教师发展项目实施过程僵化、缺乏针对性的弊端，又能促进教师个体发展，从而提升高校的实力和在行业、企业和同类高校中的声誉和影响力,为河南省纺织服装产业做出应有贡献。

(三) 校园中心模式(CCM)

校园中心模式是基于学校特色、系统性开展教师发展服务工作的新模式。完善的校园中心模式应以个体高校的人才培养定位及教师个体发展状况为基础,整合校内资源,成立教师发展中心,明确教师发展理念和目标,从新入职教师适应性培训、业务咨询,到中青年教师教学、科研能力提升,专题业务培训和教学诊断等,为本校教师发展提供全方位的服务,涉及教师发展的各阶段,服务形式多种多样,包括沙龙、个人咨询、专家辅导、报告、讲座、会议、习明纳等,涉及教师发展的各个方面,是学院促进本校教师发展的一站式服务模式。目前很多高校的教师发展以此模式为主,以促进本校教师的教学发展、个人发展为主要内容。

校园中心模式教师发展中心一般由负责学校师资队伍建设,或教学(学术发展)的校长担任中心主任。中心设置常务副主任,由对教师发展有兴趣和专长、有良好的领导能力且经验丰富的优秀教师担任。根据院校规模和教师发展任务确定教师发展中心规模及人员配置,一般配有专职人员3—5人,根据本校专业教师需求,选聘教育学、教育技术学、教育哲学、心理学等相关专业,具有研究生学历的人员从事教师发展研究及日常工作,同时聘请具有丰富的教学经验、取得一定学术成果,对促进教师发展工作有一定兴趣的各院系专业教师兼任咨询专家团队成员(也可聘请部分校外专家),发挥优秀教师资源作用,形成合力,为本校的教师发展提供服务。

同时,中心开发制作教师学习网站、印刷刊物等,为教师发展提供网上及线下学习资源;举办教师讲课比赛、微课制作大赛等多种形式促进教师发展的项目,并设立各种资助项目,吸引教师参加。

校园中心模式为了实现教师发展目标,需要学校制度支持、专家咨询服务和基础条件保障三个方面的保障。学校制度支持包括支持教师制定个性化的发展规划,在不同的阶段实现不同的发展目标;为实现发展规划目标,在教师个人努力的同时,系室、院部、学校三级组织依据个性化的发展目标分别提供不同的支持措施,并对措施实施效果和教师发展目标的实现度进行评估检查等。专家咨询服务是对教师在发展过程中遇到的困难和迷茫，由同行专家进行一对一、面对面的指导和帮助，如转型期的不适应、教学方法的改进、压力释放等，学校、院部成立教师发展咨询专家组，为广大教师提供全方位咨询服务。基础条件保障是指学校从机构设置、人员配备到经费、场地等条件满足教师发展工作开展的需要，院部从专家遴选、日常咨询等方面满足教师发展的需要，系室在专业发展、教学发展方面提供帮助，等等。校园中心模式对本校的教师发展具有强有力的推动作用，对良好教风和学风的形成具有重大意义。

校园中心模式的经费主要由学校预算及对外服务收入，以及校友资助等负担。

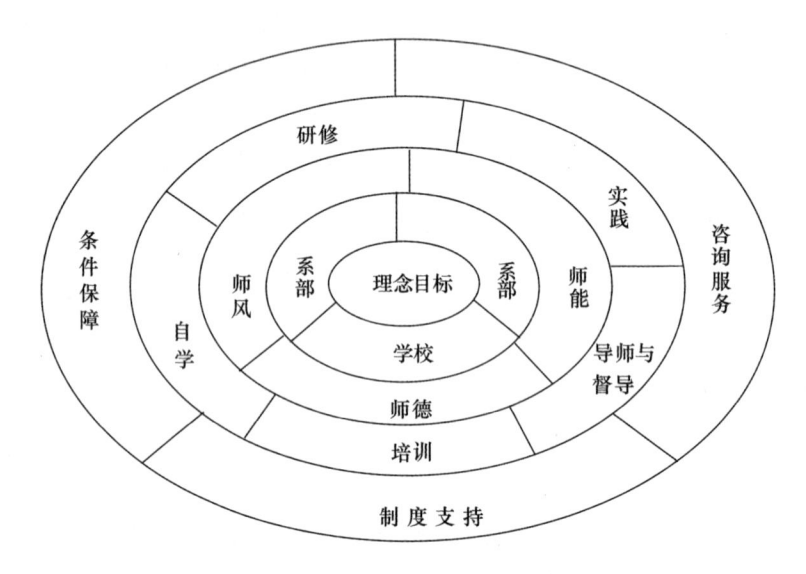

图6—5　校园中心模式

（四）院系项目模式（DPM）

院系项目模式（Department-project mode）主要为同类专业的教师发展服务，以促进教师专业发展和专业教学发展，涉及的是教师发展的"深水区"，在各种发展模式中，院系教师发展项目模式应该是最具针对性的教师发展模式，能针对不同专业的教师、有目的地进行教师发展项目，从科研到教学，从人际沟通到专业授课内容，可以深入到每一个专业方向的每门课程，而不是形而上的理论与方法。

院系项目模式的开展应以行动研究方法进行推进,在研究中行动,在行动中学习和研究。这种模式作用的发挥要激发院系及教研室等基层学术组织在促进教师发展方面的积极作用,而目前地方高校教研室活动没有活力,作用发挥有限。要改变目前的局面,要建立院部教师发展项目,由院长直接负责,配备适当的专兼职人员,结合教研室活动开展,充分发挥基层学术组织的作用。

主要工作模式为研讨交流、"习明纳"、研讨等形式,经费主要由学校预算及对外服务收入,以及校友资助等负担。

随着各高校教师发展中心的设立,以及专门教师发展工作者的培养,各人才培养单位结合自身学科、专业特点,推进根据针对性的教师发展项目势在必行。ZY 大学近年来已开发不同学科的院系教师发展项目,如相近及交叉学科交流会、教学方法讨论、工作坊等,教师参与的积极性和主动性得以提高,实施效果明显改善。

二 项目开发

工科类地方本科高校教师发展项目不但要依据不同高校人才培养定位需求、学科专业需求开发相应的教师发展项目,还需要根据不同学科、不同职业阶段的教师特点,调查了解他们的个体需求来设计,不管是教育行政部门,还是专业的教师发展机构,不管是学校,还是基层学术组织,都要主动思考教师个体发展的差异性,积极主动开发适合不同类型教师的发展项目,吸引教师参加,促进教师全面发展。如对新教师的入职适应项目、新晋升高一级职称教师的胜任能力培养项目、中年教师的减压调适项目、进入衰退期教师的适应项目等,从职业认同、专业引导到减压咨询,解决不同问题,开发的项目自然不同,组织形式也不相同。教师发展项目开发要遵循调查需求,项目设计,项目实施,项目观察、督导,项目评价,反思改进的基本原则,形成培训、督导、实践、研修、自学五种促进教师发展的途径,包括入职培训、晋级培训、专门培训(教学培训、科研培训、外语培训、信息技术培训)、工程实践能力锻炼等,全面促进教师发展。

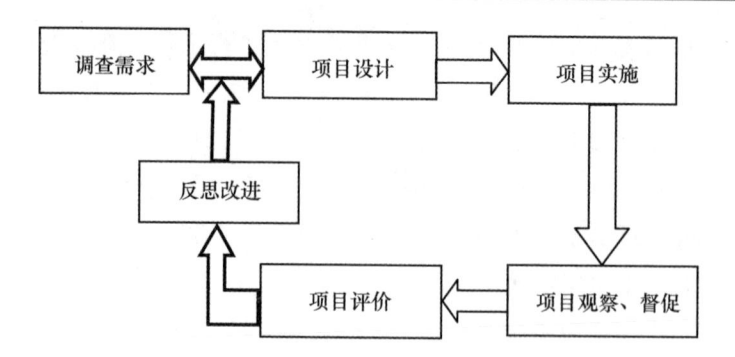

图6—6　工科类地方本科高校教师发展项目开发流程

三　项目实施过程

教师发展的项目实施过程要结合行动研究方法进行，按照计划—实施—观察—反思的程序，循环往复，螺旋提升。

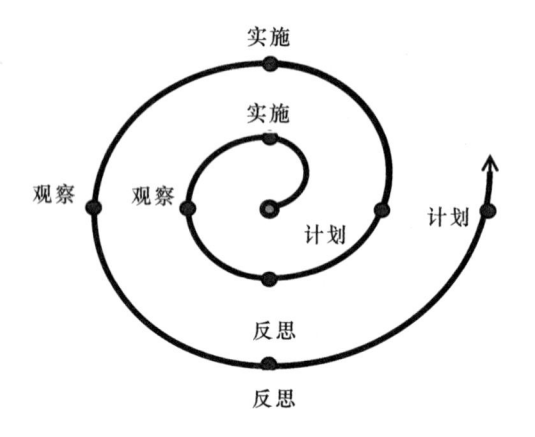

图6—7　行动研究流程

（一）计划

计划来源于问题的解决，是教师发展工作者和教师对实际工作的反思与设想。包括总体计划和具体行动计划，总体计划由学校（教师发展工作者）制定，具体行动计划由教师发展工作者和教师共同制定。总体计划要具有能不断补充、修改以适应具体环境和条件的灵活性和开放性。

以工科类地方本科高校 ZY 大学为例进行分析。近年来，ZY 大学发展迅速，教师发展已不能很好地提供满足学校事业发展的人才保障，成为学校发展的瓶颈，为找出深层次制约教师发展的原因，教师发展与管理工作负责人结合工作实际，通过教师、学生调查，明确教师发展与管理工作中存在的问题。根据问题，进行系统思考、总体规划。同时聘请刘献君、王伟廉等专家进行理论辅导与现场指导，系统思考，提出以学校战略目标为引领，建立"三位一体"的教师发展体系，实现教师综合素质提升工程；成立教师发展中心，优化校内资源；校园中心模式与系部项目模式相结合，形成学校、院部、系所三级组织模式共同推进教师发展。

（二）行动

行动是项目成功实施的基础和关键。行动的实施必须严格按照计划进行，并在行动过程中及时获得相关信息，根据信息反馈即时对计划做出调整。行动应该是灵活的、能动的，可以根据实际状况适当调整。

ZY大学在行动过程中，通过管理者、研究者和教师集体学习、研讨，研究者与研究对象（参与教师）进行充分交流，提高认识，统一思想，了解需求，从指导教师制定个体发展计划到实施，再到反思和考核评价，进行分类分层次系统的行动，如对新入职教师，制定具有校本特色的岗前培训课程，促使新教师尽快融入学校环境，尽快完成角色转变，树立先进的教学理念、提高与学生沟通交流的能力等；对于成长期教师，鼓励他们充分利用学校提供的发展平台及资助政策，提高专业能力和素养，如参加博士服务团，深入企业一线，解决企业的实际困难等。还结合不同的教师需求，开发具有针对性的教师发展项目，如为提高教师的交流能力而开发的发音技巧、教师礼仪，及团队协作项目；为帮助教师树立"以学生为中心"的教育理念，提升职业认同感，举办的"职业道德""教学规范"知识竞赛；为提高教师的科研能力而举行的跨学科学术沙龙等。根据不同的学科特点，各学院、系所举办独具特色的研讨交流会，建立青年教师导师制、优秀教师的示范课、聘请国内外知名专家讲学等。

学校、院（部）、系（所）三级联动，促进学习型校园文化建设，教师发展从"被动"转为"主动"，从"要我学"到"我要学"。2012—2013学年，学校举办大型竞赛活动4场，举行各种专家辅导报告活动17场，系所举办学术沙龙 50 余次，院部搞讲座 30 余场，另外接待个人咨询、交流 103 人次。

（三）观察

观察是发现问题的起点。观察不仅是对项目实施过程全面、具体的观察，还包括对行动者能力、性格特征、参与动机等的观察。观察过程有时需要使用现代多媒体技术、计算机辅助技术等。

通过对 ZY 大学教师发展实施过程的观察发现，学校氛围、教师、学生、管理者、服务人员等各方面都发生了积极的改变。学校在制度、保障方面更趋健全；基层学术组织工作更具积极性、针对性，对教师需求的了解更深刻、全面；教师个体更具主动性，学习的"内需力"更强，有了更加明确的努力方向。教师发展项目更接"地气"，与学科、专业结合更加紧密；项目内容更加丰富，形式更加多样，教师的参与度、满意度明显提升。

（四）反思

反思是对计划、行动、观察环节的归纳与整理，并进行解释评价的过程。从根本上说，行动研究的动力来自于实践者对管理实践的反思。反思是行动研究的起点，也是一个行动螺旋的结束，下一个螺旋的准备。

四 教师发展评价

教师发展评价是对有关教师发展一系列工作的考核、检查，也是反思与促进。科学合理的考核评价，不仅为教师的入职、聘任、晋升、培训和奖惩提供基础和依据，也有助于调动教师的积极性和创造性，促进教师教学、科研水平和工作效率的提高，从而有效地促进教师发展。教师发展评价包括对教师发展项目实施效果评价以及教师发展评价等。

（一）项目实施效果评价

教师发展项目实施效果评价主要从教师对发展项目的满意度、教师自主发展意识的提升、参与项目的积极性等方面进行评价与反思。通过问卷调查、访谈等多种形式进行，但要注意实施者与评价者的分离。如教师对发展项目的满意度的评价，如果是教师发展中心实施的项目，由系部组织调查、访谈了解情况会比教师发展中心自己进行调查、访谈得到的信息更真实，另外，调查、访谈实施者一定要有良好的心态，逐步形成良好的反馈渠道。

教师自主发展意识的明显提升，可以从每年主动申请参加各类教师发展项目、教学竞赛、网络学习的教师数增减来评价，如参与教师增加，则说明教师自主发展意识提升，增加速度与提升成正比；另外，基层学术组织结合专业、学科开展教师发展项目的多少也可以看出教师自主发展意识是否提升，如近两年 ZY 大学各教学院部自主开展的教师发展项目更多（比以前增加 2—3 倍），更适合教师需求等。通过系统的收集数据、科学分析，最后形成研究报告，为领导决策及下一步研究、工作提供参考依据。

（二）教师发展评价

教师发展是一项复杂，且结果滞后、难以即时评价，又要持续进行的工作，因此教师评价要坚持发展性评价理念，阶段性评价与成长性评价相结合。做好顶层设计，系统思考在教师发展各个阶段的特点和需要的知识、水平、技能，结合教师发展项目的实施，以及教师发展目标的实现，根据学校发展定位和人才培养目标，针对不同学科的特点和差异，实行分类别、分等级的以发展性评价为主、绩效性评价为辅，相互结合的评价办法，立足促进教师专业能力的成长与持续发展的目标进行发展性评价，制定有针对性的评价政策和指导标准，促进教师的成长发展，实现教师个人与学校发展的双赢。

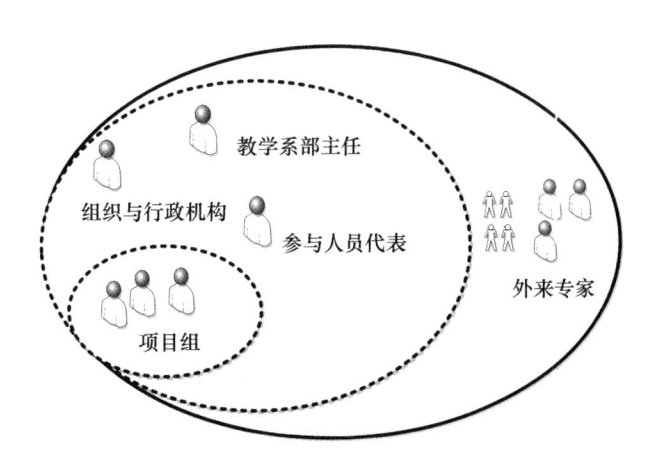

图 6—8　工科类地方本科高校教师发展评价质量圈

图6—8为借鉴德国高校教师发展评价设计的工科类地方高校教师发展评价质量圈,即对教师发展项目的评价,要建立系统的评价体系,参与评价人员来自组织行政机构、教学系部主任、参与人员代表,以及校外专家等。校外专家一般由相关企业专业技术人员、专业协会专家等组成,除高校内部的质量评价外,还要引进企业或社会团体的专家代表对教师发展做出评价,以使教师发展适应社会需求,与地方经济社会和谐发展。

第四节 加强组织保障,培养教师发展专业人员

高校教师发展是一项复杂的活动,从各国教师发展的实施过程看,有效的组织保障是高校教师发展的推动器。目前,我国高等学校教师发展实践与研究都处于起步阶段,不少高校成立了教师发展中心,但从调查情况看,高校教师发展中心的功能定位、运行机制、作用发挥等都有待改进和完善,服务能力和发挥的作用有待提升。工科类地方本科高校教师发展的组织保障还没有被提到应有的高度,并没有根据工科高校特点、人才培养定位等进行整合,不能保障工科类地方高校教师发展的基本需要。如实践能力提升,没有专业协会、社会和企业的参与,只靠高校的力量是很难完成的。因此,在高等教育发展的转型时期,为了实现教师发展目标,推动工科类高校教师全面发展的实效,需要建立有效的组织保障系统。

一 教师发展组织保障系统的组成

工科类地方本科高校教师发展是一项复杂的系统工程,必须依靠政府的引导、社会的参与、高校的支持等多方面协调进行,才能有效促进教师全面发展。因此工科类地方本科高校教师发展组织保障系统包括四个方面,即政府、社会组织及专业协会、学校及基层学术组织、教师发展工作者(见图6—9)。

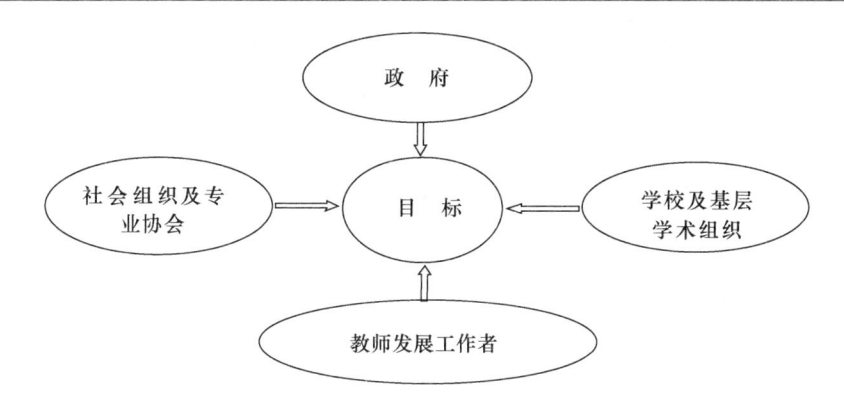

图 6—9　工科类地方本科高校教师发展组织保障系统

政府的支持是地方高校人才培养的基础，经济社会的需求是人才培养的动力源，只有满足它们的需要，人才培养才有意义。要培养合适的人才，必须了解社会需求，也就是企事业单位的需求，而专业协会是专业标准的制定者，因此，社会组织和专业协会是教师发展的基地，只有深入企事业单位一线，才能真正了解社会需求，只有依靠专业协会，才能了解人才培养的基本标准。

学校及基层学术组织（院系）是教师发展的主要阵地，高校领导的重视和基层学术组织的积极参与是教师发展的基础，因此，高校要建立健全组织机构，配备专职教师发展人员，筹措充足的教师发展经费，切实促进教师全面发展。

教师发展工作者的培养与发展是教师发展的推动者。

二　政府的宏观指导和理念确立

在现阶段，我国高校教师发展需要政府力量的推动，2012 年，国家虽已出台相关政策推动高校教师发展，并在全国建立 30 个教师发展示范中心；各地方政府也制定了相关措施，但高校教师发展工作的运行仍不够理想，促进教师发展的环境还未形成，因此，需要政府运用政策支持、督促检查等手段大力推动，营造有益于教师发展的良好社会氛围。从发展模式、组织、经费等方面予以引导，树立科学的发展观念，制定相应的鼓励政策、准入制度，以及评估退出机制，一方面引导行业协会、企业积极参与，如对校企合作项目给予支持鼓励政策等；另一方面激发教师个体发展的"内需力",确立资格准入及退出机制等。

工科类地方本科高校在政府宏观指导下,结合地方经济发展实际,系统思考,做好顶层设计,坚持"以人为本",将教师个体发展与学校组织发展相结合;将教师作为人的发展和作为教师职业的发展相统一;将高校的办学理念、制度、文化与教师发展内容相统一;坚持"以学生为中心",将促进教师发展与学生发展相统一;将学校的组织目标和教师学术职业发展规划目标相统一;尊重教师多样性和阶段性的个体需求,鼓励教师参与,为教师发展提供政策指导和资金支持,创设广阔的空间和多样化的平台。引导教师从第五项修炼中最根本的修炼——自我超越开始,不断反思自己的能力和水平与学校发展的适应性,为实现个人和组织的共同愿景而努力,营造积极、向上、公平、宽容的学习氛围,推进教师全面和谐发展。

三 专业协会及社会的支持和参与

目前,工科类地方本科高校教师发展的活动组织系统主要是由教育部门内部系统组成,即高校(职能部门、领导)和教师个人,政府主要是政策制定与导向;学校以上级部门要求及人才培养目标要求为依据,依据假设的教师需求,开展教师培训项目,要求教师参加;教师个人以功利性的证书为动力,带有极强的功利性参与培训;系部及基层学术组织层面则疏于进行。根据工科类地方高校教师发展目标及能力要求,建立以政府为指导,学校及基层学术组织(院、部、系、室)为主体,社会组织(行业协会)、企业为补充,个人积极参与,相互促进、开放、有机的教师发展组织系统,助推教师发展。

社会团体和企业作为用人单位及行业协会,根据专业评估,积极、主动为高校反馈信息,积极参与促进教师发展工作,如为教师应用能力提升提供平台,设立教师发展基金等,为提升人才培养质量做出应有贡献。

四 高校组织机构建立和经费筹措

工科类地方本科高校作为教师发展的基层实施单位,要营造促进教师发展的学习氛围,建立学习型校园,促进教师发展。首先要完善机构设置，设立专门机构——教师发展中心，全面负责教师发展工作，同时培养和引进专职从事教师发展的工作人员，对专职人员进行培养培训，学习国内外教师发展的理念和经验，设计改进本校的教师发展工作。在教师发展工作初期，要引导全校教职员工树立发展理念，积极参与，倡导行动学习，工作场所学习，明确学校、院系（部）等基层学术组织以及教师个体的职责，特别是高校的主要领导及职能部门、各系部负责人要配合教师发展中心工作，在系统分析本校的学科优势、教师特点以及人才培养定位、地方经济发展等的基础上，充分利用国家及地方政府相关政策，通过合作单位、校友等资源，与相关企业紧密联系，密切合作，对教师发展目标提出准确定位，建立共同愿景，制定相应政策，明确职责。如基层学术组织从专家遴选、专业发展、教学发展方面的日常咨询等满足教师发展的需要，行业协会、企业等社会组织在教师实践能力提升、资金支持等方面提供帮助，如提供实践锻炼机会、提供实践平台、设立促进教师发展的基金等，共同促进、支持教师发展。

另外，高校重视教师发展，必须为教师发展提供充足的经费支持。除学校预算经费外，教师发展中心人员要向社团组织、校友、企业等积极筹措教师发展基金，支持教师发展。从历史的视角来看，我国大学教师发展中心和教学文化存在理论和制度上的缺失，教学文化是大学教师发展的根基，[①] 工科类地方本科高校教学更是其最基本的任务，但"重科研、轻教学"的现象却和研究型高校一样存在，教师的主要压力来自科研，这也是目前高校绩效考核、职称评聘以科研为主要可量化指标的反映。因此，要强力推进工科类地方高校教师的教学发展，从教育理念、教学方法到教育的基本规律、教育哲学，从课程开发、教学评价到学生管理、考核等，使工科教师对教育教学工作有一个系统的认识和理解，以使他们对自己的职业生涯有更清楚的认识、更深刻的了解，进行更系统的规划。

五　高校教师发展工作者的培养与发展

高校教师发展工作者是促进教师发展的直接推动者。我国高校制度

---

① 邬大光：《教学文化：大学教师发展的根基》，《高等教育研究》2013年第8期。

设计的缺陷，管理和研究的分离，致使目前高校从事教师发展工作的人员大都是人事部门、教务部门或其他部门的管理人员，对高等教育发展、工科类地方高校教师发展的理念、模式、方法等了解甚少，存在传统工作模式的惯性，对教师发展仍存在行政色彩，进行的基本是传统的教师培训项目，对现代教师发展的理论和实践研究不够，开发教师发展的能力和水平较低，又缺乏主动学习、研究工作的积极性，因此，教师发展进入初步阶段后，将对教师发展工作者提出更高的要求，如何遴选和培养工科类地方高校教师发展工作者，将成为影响教师发展的重要因素之一。

根据高等教育发达国家的经验，高校教师发展工作者应满足以下条件：

（1）掌握教育管理理论，系统学习教育哲学、心理学、人力资源管理、院校研究等相关专业理论知识，一般具有博士学位；（2）对教师发展具有高度的热情，勤于思考，善于学习，是一名具有"自我超越"意识和精神的优秀教师；（3）具有超强的组织协调能力、沟通能力、公关能力，善于整合多种资源，乐于奉献；（4）具有一定的计算机应用能力；等等。

对于教师发展工作者，高校要制定相应的措施和激励政策，促进教师发展工作者的培养和发展，对于现职从事教师发展的工作人员，要积极培养，首先使他们自觉、自愿、主动地学习教师发展的相关理论和经验，自我发展；其次在选聘新人时，要有针对性地遴选，需要其了解高等教育发展的新形势，全面理解工科类地方本科高校的功能和定位，不断重新审视自己的职业理想、职业信念，反思自己的职业道德、职业精神和职业标准，自觉提升职业认同感，自觉学习新的高等教育理论与方法，更新理念，挖掘潜能，开展行动研究和翻转学习，自我超越。

第七章

结　　语

第一节　研究结论

高校教师是高校办学的主体，是高校发展的动力，是社会进步的引领者。世界高等教育在经历着深刻的变革，高校教师发展受到各国政府、社会、学者和高校管理者的高度重视。我国在建设工业化、创新型国家的进程中，高等教育正处于改革的深水区，国家已提出高校分类管理战略，并实施"卓越工程师教育培养计划""应用技术型大学"建设战略等，推进各类高级专业人才的培养。而我国传统的高校教师培养制度已不能适应不同类型高校教师发展的需求，因此就要对我国不同类型高校的教师发展问题进行深入研究，提出不同的高校教师发展的理念和模式，促进不同类型高校教师发展。

基于此，本书要解决的主要问题是完善工科类地方本科高校教师发展机制。为解决这一问题，研究以某工科类地方本科高校为具体案例，围绕"高校教师发展"这一核心概念，从以下四个方面展开研究：

一　工科类地方本科高校教师发展问题探析

本书以作者熟悉的 ZY 大学为案例高校，通过教师、学生问卷调查，教师深度访谈等方法，进行深入调查和分析，探究工科类地方本科高校教师发展中存在的问题，调查结果显示，教师群体职业认同度高，但年轻教师职业认同度较低；教师的发展定位高，但阶段性目标不清晰；教师发展不均衡，教学发展、个人发展内容弱化；教师发展项目实施过程僵化，缺乏针对性；教师发展机构不健全，缺乏专业从事教师发展的工作人员，开展的实质性工作不多。

二 经验借鉴：以美国、日本、德国为例

为解决工科类地方本科高校教师发展问题，本书对美国、日本、德国等高等教育发达国家的高校教师发展策略及实践经验进行系统研究，以开阔视野，借鉴经验。通过研究发现，高校教师发展是深化高等教育变革、促进高等教育发展的基础，受到各国的普遍重视，但高校教师发展深受各国政治、经济、文化及高等教育管理体制等因素的影响。美国高校教师发展源于高校自身发展的需要，成立专门机构，设专职人员从事教师发展研究与实践工作；日本高校教师发展，主要是国家力量的推进，以改善高校教师教学内容和教学方法为主要目标；德国高校教师发展制度体现出浓厚的"国家主义"特色，国家对高校教师发展与培养提出严格的内容、结构以及学时要求，建立科学完善的评估和认证体系，促使教师的自我评价和完善。不管是学校自发，还是政府推进，要进行高等教育变革和发展，高校教师发展必须先行。

三 构建工科类地方本科高校教师胜任特征模型

胜任特征可以区分优秀教师和一般教师的个体特征，建立工科类地方本科高校教师胜任特征模型，能为高校教师发展提供理论依据。通过分析工科类地方本科高校的人才培养、科学研究、社会服务和文化传承四大职能特点，本书提出了20项符合高校组织发展和人才培养目标的基本特征指标；通过对优秀教师进行深入访谈，提出包括人格特征、性格特征、心理健康特征、专业能力以及通用能力5个维度的25项胜任特征指标；通过对进行学生调查以及对学生评选的"学生心目中的好老师"进行深入访谈，提出"以学生为中心"视角的包含6个维度的18项胜任特征指标。在以上研究基础上，结合相关理论和专家指导，形成工科类地方本科高校教师胜任特征模型，包括3个一级指标、11个二级指标、36个三级指标。最后，根据工科类地方本科高校教师胜任特征模型，编制量表，并进行问卷调查，最终构建了包含5个维度、22项特征指标的工科类地方本科高校教师胜任特征模型，为工科类地方本科高校教师发

展提供理论依据。

四 提出工科类地方本科高校教师发展策略建议

根据工科类地方本科高校教师胜任特征模型,借鉴高等教育发达国家经验,在全视角学习理论、学习型组织理论以及职业生涯管理理论等指导下,从发展理念、发展目标和内容、发展模式、组织保障四个方面提出工科类地方本科高校教师发展策略建议。

第二节 研究创新

"高校教师发展"是近年来特别受教育研究者和实践者关注的课题,但研究多以质性分析、宏观论述为主,而以不同学科的教师为研究对象的选题还较少,本研究选题与研究者工作实际紧密联系,研究内容就是研究者的工作内容,不仅提高了研究者的理论素养,也有效地推进工作实效,有效地解决了研究与实践脱离的问题,这也正是教育博士培养的初衷所在。本书研究的创新性主要有以下三点。

一 构建了工科类地方本科高校教师胜任特征模型

本研究以工科类地方本科高校教师发展为主线,通过大量的教师、学生问卷调查,以及"学生心目中的好教师"的深度访谈,收集工科类地方本科高校教师发展的第一手资料,分别分析基于工科类地方高校职能、优秀教师以及"学生心目中的好教师"特征,建立以促进学生学习和发展、教师成长与发展为目标的工科类地方高校教师胜任特征模型,最终提出包括 5 个维度、23 项特征要素的胜任特征指标,并以此为依据提出工科类地方本科高校教师在不同的职业发展阶段的发展目标和内容。

二 提出了工科类地方本科高校教师发展的四种模式

本书在对教师发展的目标、内容研究的基础上,首次提出教师发展的四种模式,即示范中心辐射模式(DRM)、教师发展促进联盟模式(FDAM)、校园中心模式(CCM)和院系项目模式(DPM),并阐述工科类地方本科高校教师发展项目的开发、实施过程，以及教师评价质量圈，即对教师发展项目的评价，参与评价人员由组织行政机构、教学系部主任、参与人员代表，以及校外专家等组成。

三　建立了工科类地方本科高校教师发展保障系统

本书提出的工科类地方本科高校教师发展组织保障系统包括四个方面，即政府、社会组织及专业协会、学校及基层学术组织、教师发展工作者。政府的保障作用主要体现在宏观指导和理念确立；专业协会及社会的积极参与是促进工科类地方本科高校教师发展的有力支持；高校组织机构的建立和经费筹措是教师发展的基本保障；高校教师发展工作者的培养与发展是教师发展的助推器。

本书对我国工科类地方高校教师发展具有较强的现实指导和实践意义，为其他类型高校及学科的教师发展提供了研究视角，具有较强的借鉴价值。

第三节　局限及展望

本书虽有一些创新之处，其不足也是显而易见的，主要有以下三点：

一是由于本人的学识能力和知识水平的限制，以及统计能力的欠缺，对已有理论吸收和内化不够，问卷设计还不够完善，有些题目不能充分反映预期的目的，运用理论分析问题，对调查数据、访谈内容的整理、统计不够深入、全面，数据挖掘不够深入，这些都为研究的开展留下了遗憾。

二是由于精力和篇幅的限制，研究样本的选取虽符合院校研究的要求，但还是具有一定的局限性，工科类地方本科高校代表性还不够，教师特征不够明显，有待进一步地研究和实证。

三是对于策略的研究，缺乏实践的验证，还需要进一步的实证研究作为补充，以使本研究更加完善和具有实践指导性。

高等学校、教师是高等教育供给的直接提供者，在供给侧改革的大环境下，如何提升高等教育质量，办人民满意的大学，促进学生全面发展，为社会培养优秀人才，教师发展是关键。尽管笔者在研究过程中尽己所能地对如何促进工科类地方本科高校教师发展做出分析和解释，以使问题更明确，方案更合理，更具操作性，但还存在很多局限和遗憾，还需要大量的后期研究去完善、补充，以更有效地促进工科类地方本科高校教师发展。

参考文献

一 中文文献

（一）著作类

别敦荣：《高等教育管理与评估》，中国海洋大学出版社2009年版。

［波兰］弗·兹纳涅茨基：《知识人的社会角色》，郑斌祥译，译林出版社2000年版。

蔡国春：《院校研究与现代大学管理：美国院校研究模式研究与借鉴》，教育科学出版社2006年版。

陈敏、张俊超：《全球化时代的高校人力资源管理》，华中科技大学出版社2012年版。

程星：《世界一流大学管理之道——大学管理决策与高等教育研究》，北京大学出版社2011年版。

程星、周川：《院校研究与美国高校管理》，湖南人民出版社2004年版。

［丹］克努兹·伊列雷斯：《我们如何学习——全视角学习理论》，孙玫璐译，教育科学出版社2010年版。

董克用：《人力资源管理概论》，中国人民大学出版社2007年版。

杜静：《历史与现实的追问——英国教师在职教育的发展与动因研究》，中国社会科学出版社2010年版。

方展画：《罗杰斯"学生为中心"教学理论评述》，教育科学出版社1990年版。

冯建军：《教育与生命》，教育科学出版社2004年版。

龚绍文：《大学青年教师教学入门》，北京理工大学出版社2006年版。

和飞：《地方大学办学理念研究》，高等教育出版社2005年版。

贺国庆：《外国高等教育史》，人民教育出版社 2006 年版。

黄明东等：《研究型大学师资队伍发展研究》，武汉大学出版社 2011 年版。

［美］雷蒙德·A. 诺伊等：《人力资源管理——赢得竞争优势》，刘昕译，中国人民大学出版社 2001 年版。

李晶：《论语·孟子》，南方出版社 2007 年版。

廉思：《工蜂——大学青年教师生存实录》，中信出版社 2012 年版。

刘献君：《大学之思与大学之建》，华中科技大学出版社 2013 年版。

刘献君：《大学之思与大学之治》，华中科技大学出版社 2000 年版。

刘献君：《高等学校战略管理》，人民出版社 2008 年版。

刘献君：《教育研究方法高级讲座》，华中科技大学出版社 2010 年版。

刘献君：《院校研究》，高等教育出版社 2008 年版。

［美］彼得·德鲁克：《卓有成效的管理者》，许是祥译，机械工业出版社 2009 年版。

［美］彼得·圣吉：《第五项修炼——学习型组织的艺术与实践》，张成林译，中信出版社 2009 年版。

［美］伯顿·克拉克：《高等教育系统——学术组织的跨国研究》，王承绪等译，杭州大学出版社 1994 年版。

［美］伯顿·克拉克：《探究的场所——现代大学的科研和研究生教育》，王承绪译，浙江大学出版社 2001 年版。

［美］德里克·博克：《走出象牙塔——现代大学的社会责任》，徐小洲、陈军译，浙江教育出版社 2001 年版。

［美］菲利普·G. 阿特巴赫：《比较高等教育：知识、大学与发展》，人民教育出版社教育室译，人民教育出版社 2001 年版。

［美］Ralph Fessler、Judith C. Christensen：《教师职业生涯周期——教师专业发展指导》，董丽敏、高耀明等译，中国轻工业出版社 2005 年版。

［美］肯·贝恩：《如何成为卓越的大学教师》，明廷雄、彭汉良译，北京大学出版社 2007 年版。

［美］洛林·W. 安德森：《布卢姆教育目标分类学》，蒋小平等译，外语教学与研究出版社 2009 年版。

［美］斯蒂文·P. 罗宾斯：《组织行为学》（第 10 版），孙健敏、李原译，

中国人民大学出版社 2005 年版。

［美］珍妮·H. 巴兰坦、［美］弗洛伊德·M. 海默克：《教育社会学——系统的分析》，熊耕、王春玲、王乃磊译，人民大学出版社 2011 年版。

潘懋元主编：《应用型本科院校人才培养的理论与实践研究》，厦门大学出版社 2011 年版。

［日］有本章：《大学学术职业与教师发展》，丁妍译，复旦大学出版社 2012 年版。

沈红：《美国研究型大学的形成与发展》，华中理工大学出版社 1999 年版。

石金涛、唐宁玉：《培训与开发》，中国人民大学出版社 2007 年版。

石中英：《教育哲学的责任与追求》，安徽教育出版社 2007 年版。

孙喜亭：《教育原理》，北京师范大学出版社 2003 年版。

汤国杰：《职业认同与职业生涯规划的关系机制》，浙江大学出版社 2012 年版。

涂又光：《中国高等教育史论》，湖北教育出版社 2003 年版。

王光彦：《大学教师绩效评价研究——基于教师自主发展的探索》，教育科学出版社 2012 年版。

徐延宇：《高校教师发展——基于美国高等教育的经验》，教育科学出版社 2009 年版。

杨长青：《象牙塔的标尺——激励视角下的高校教师评价研究》，东南大学出版社 2012 年版。

杨德广：《高等教育管理学》，上海教育出版社 2006 年版。

叶澜、白益民、陶治琼：《教师角色与教师发展》，教育科学出版社 2001 年版。

张楚廷：《高等教育哲学通论》，高等教育出版社 2010 年版。

张俊超：《大学场域的游离部落——大学青年教师发展现状及应对策略》，中国社会科学出版社 2009 年版。

张应强：《高等教育现代化的反思与建构》，黑龙江教育出版社 2000 年版。

赵炬明、余东升：《院校研究与现代大学管理讲演录》，中国海洋大学出版社 2006 年版。

周春燕：《复杂性科学视野下的高校教师评价研究》，江苏大学出版社 2008 年版。

朱明：《地方高校核心竞争力》，中国大百科全书出版社 2005 年版。

朱旭东：《教师专业发展与理论研究》，北京师范大学出版社 2011 年版。

　　（二）期刊、报纸、博硕士论文类

蔡国春：《"院校研究"是什么不是什么——解读美国"院校研究"》，《比较教育研究》2005 年第 11 期。

蔡环宇、万绍玫：《基于"自组织"理论的高校教师培训体系之构想》，《教育教学论坛》2012 年第 4 期。

陈慧娥、王清、王常明：《以学生为中心的地质实习教学方法改革——美国密西西比大学野外地质实习启示》，《高等建筑教育》2012 年第 4 期。

陈久青、高桂林：《高校教师培训个体需求探析》，《高等教育研究》2003 年第 4 期。

邓兴、辛迅：《从"以学生为中心"的教学谈高校教师的情绪能力》，《宜宾学院学报》2007 年第 3 期。

邓秀梅、吴铁：《高校素质教育应坚持"以学生为中心"的教育思想》，《理论导刊》2012 年第 11 期。

丁三青、张阳：《三位一体的工科教师培养体系研究》，《高等工程教育研究》2007 年第 6 期。

丁笑炯：《以学生为中心的教学：历史回顾与最新进展》，《教育发展研究》2005 年第 22 期。

范仲远：《论高校教师培训氛围建构》，《黑龙江高教研究》2002 年第 5 期。

高桂林、陈久青、熊波：《我国高校教师培训校方需求的分析与预测》，《湖北大学学报》（哲学社会科学版）2004 年第 5 期。

关洪海：《基于现代媒体利用的高校教师培训研究》，《中国报业》2012 年第 18 期。

管培俊、吕杰、徐金明：《高校教师培训工作的思考和展望——新时期中国高等学校教师培训之三》，《中国高等教育》2001 年第 5 期。

管培俊、吕杰、徐金明：《我国高校教师培训工作及其评价——新时期中国高等学校教师培训工作之二》,《中国高等教育》2001年第1期。

郭晓宁:《以学生为中心:21世纪中国高等教育的理念》,《教育探索》2002年第12期。

和东芹、郭庆祥、杨爱花:《SCM视角下的高校教师培训》,《教育与职业》2012年第23期。

洪明:《当代英国行动研究的重要主张》,《外国教育研究》2003年第5期。

华东地区高校教师培训专题研究课题组:《华东地区高校教师培训现状调查》,《教师教育研究》2005年第2期。

黄萍:《基于高校教师职业发展的教学督导理念的反思》,《黑龙江高教研究》2012年第7期。

黄幼中:《关于我国西部地区高校教师培训策略的探索》,《教育探索》2004年第9期。

贾东风:《拓宽教师培训途径切实提高培训实效——关于网络环境下高校教师培训工作的思考》,《中国高校师资研究》2009年第2期。

S. 凯米斯著:《行动研究法(上)》,张先怡译,《教育科学研究》1994年第4期。

李进华、李方泽:《以学生为中心,构建灵活多样实用的人才培养体系——英国约克大学人才培养模式的启示》,《外国教育研究》2010年第11期。

李培根:《以学生为中心的教育:一个重要的战略转变》,《中国高等育》2011年第2期。

李荣枢:《浅谈以学生为中心的高校后勤管理创新——以清远职业技术学院为例》,《高校后勤研究》2011年第4期。

李瑞贵:《高校"以学生为中心"教育理念的理论意义及实施策略》,《黑龙江高教研究》2009年第8期。

李淑芝、兰红、杨书新:《以学生为中心理念在教学团队建设中的应用研究》,《黑龙江高教研究》2010年第6期。

梁叶新、刘广青、李宏光:《基于多属性决策的工科高校教师综合评价方法研究》,《武汉交通职业学院学报》2013年第2期。

林健:《胜任卓越工程师培养的工科教师队伍建设》,《高等工程教育研究》2012年第1期。

刘飚:《基于生命周期的高校教师培训模式研究》,《科技创业月刊》2010年第1期。

刘冬梅:《发达国家高校教师培训的经验及借鉴》,《河南师范大学学报》(哲学社会科学版)2004年第31卷第2期。

刘冬梅:《发达国家高校教师培训的经验及借鉴》,《河南师范大学学报》(哲学社会科学版)2004年第2期。

刘凤英、韩玉启、糜海燕:《美国高校教师培训与管理的借鉴意义》,《江苏高教》2007年第5期。

刘济良、王振存:《美国大学教师发展的经验及启示》,《教育研究》2011年第11期。

刘继荣、胡方茜、叶民:《论工科教师的工程素质》,《中国高教研究》1997年第6期。

刘剑虹:《高校教师培训:需求方的观点及其建议》,《高等师范教育研究》2002年第6期。

刘喜波:《开创 ACTIVE 的英美文学教学新模式——基于"以学生为中心"的教学理念》,《齐齐哈尔大学学报》(哲学社会科学版)2011年第5期。

刘献君:《建设教学服务型大学——兼论高等学校分类》,《教育研究》2007年第7期。

刘献君:《论"以学生为中心"》,《高等教育研究》2012年第8期。

刘献君:《中国院校研究将从初步形成走向规范发展》,《高等教育研究》2011年第7期。

刘小强:《定向型的高校教师培养:美国博士生教育改革的新动向——美国"未来高校教师培养计划(PFF)"评析》,《中国高教研究》2011年第11期。

卢伟:《中美高校教师培训制度的比较研究》,《继续教育研究》2012年第4期。

鲁烨:《大学工科教师专业化策略探微——基于"卓越工程师教育培养计划"的视角》,《扬州大学学报》(高教研究版)2012年第3期。

吕春燕:《河南省民办高校教师培训现状调查与分析》,《中国电力教育》2011年第25期。

马福:《美国院校研究概述》,樊建芳译,《外国高等教育资料》1994年第1期。

满晶、马欣川:《罗杰斯"以学生为中心"的教学思想述评》,《外国教育研究》1993年第3期。

毛成、李东升、李文军、朱明辉:《基于组织承诺的工科教师培养》,《高等工程教育研究》2010年第3期。

[墨西哥]格拉乌迪奥·法斯盖兹、杨西强:《拉美高校教师培训研究》,《外国教育资料》1999年第2期。

乔浩风:《我国高校教师培训改革深化的途径探析》,《继续教育研究》2012年第1期。

史静寰:《"中国大学生学习与发展"系列调研本科教育咋样》,《光明日报》2012年06月19日。

舒志定、鲍聪、黎保锋:《高校教师培训项目运行问题及发展策略解析——对浙江省48所高校的调查》,《教师教育研究》2010年第4期。

唐亚厉:《以学生为中心的大学功能分层理论解读——读奥尔特加·加塞特〈大学的使命〉》,《湘潭大学学报》(哲学社会科学版)2009年第2期。

王艳、支希哲、高行山、朱西平:《工科高校青年教师教学能力的培养与提高》,《西北工业大学学报》(社会科学版)2012年第1期。

王永利、龚方红:《工科高校教师实践创新能力培养研究》,《教育与职业》2011年第12期。

王永利、龚方红:《工科高校教师实践创新能力培养研究》,《教育与职业》2011年第12期。

王有亮:《高校教师培训工作规范化制度化的重要里程碑——论〈高等学校教师培训工作规程〉的重大意义》,《前沿》1996年第12期。

王中相:《高校教师培训制度改革中各利益主体的关系分析》,《华南师范大学学报》(社会科学版)2011年第4期。

吴伦敦、肖静芬:《远程教育:高校教师培训的历史机遇》,《教育探索》2004年第1期。

吴松元:《关于建立高等工科教师培养机构的设想》,《江苏高教》1992年第1期。

吴亚林：《以学生为中心的教育理念解读》，《教育评论》2005年第4期。

武书连：《再探大学分类》，《中国高等教育评估》2002年第4期。

徐延宇：《美国高校教师发展的特点与启示》，《高等工程教育研究》2008年第3期。

徐延宇：《美国高校教师发展浅析》，《比较教育研究》2011年第11期。

徐志：《以学生为中心优化高校内部组织体系》，《黑龙江高教研究》2006年第8期。

许文芬、刘小兵等：《河北省高校教师培训现状调查报告》，《教育与职业》2012年第15期。

杨延东、赵炬明：《行动研究与高校后勤管理改革》，《高等工程教育研究》2009年第6期。

尹绍清、赖怡：《地方高校教师职业发展问题与管理对策研究》，《楚雄师范学院学报》2008年第11期。

张博、兰英：《英国女王大学"PGCHET"高校教师培训项目述评》，《外国教育研究》2008年第9期。

张建勇、潘海涵、陈煜：《以学生为中心的学评教体系构建研究》，《浙江工业大学学报》（社会科学版）2011年第1期。

张俊超：《推进从"教"到"学"的本科教育教学变革——"院校研究：'以学生为中心'的本科教育变革"国际学术研讨会暨中国高等教育学会院校研究分会2012年年会综述》，《高等教育研究》2012年第8期。

张丽杰：《"以学生为中心"的外语教学与教师的角色定位》，《中国成人教育》2007年第24期。

张琦：《从人类生命周期视角看高校教师职业发展路径》，《高校教育管理》2010年第4期。

张晓冬：《院校研究与大学治理结构》，《西南交通大学》（社会科学版）2012年第1期。

张应强：《我国院校研究的进展、问题与前景》，《高等教育研究》2011年第12期。

张运良：《地方应用型本科高校教师培训探析》，《西安文理学院学报》（社会科学版）2009年第5期。

赵炬明：《美国大学教师管理研究（下）》，《高等工程教育》2011年第

6 期。

赵连春：《高校教师培训模式探讨》，《发展》2011 年第 12 期。

郑金洲：《行动研究：一种日益受到关注的研究方法》，《上海高教研究》1997 年第 1 期。

周钧：《行动研究在我国的发展》，《天津师范大学学报》（基础教育版）2012 年第 1 期。

陈金波：《改制高校教师发展存在的问题与对策研究——以浙江省 W 高校为例》，硕士学位论文，浙江大学，2010 年。

陈铭心：《从高校教师培训到高校教师发展——政策与学术的视角》，硕士学位论文，厦门大学，2009 年。

邓永辉：《我国高校新教师培训中的问题及对策研究》，硕士学位论文，东北大学，2005 年。

李春香：《美国高校教师培训制度研究》，硕士学位论文，四川师范大学，2007 年。

林金凤：《基于教师核心竞争力提升的高校教师发展制度创新研究》，硕士学位论文，武汉理工大学，2009 年。

刘凤英：《基于学习型组织理论的高校教师培训与开发体系研究》，博士学位论文，南京理工大学，2010 年。

刘虎：《工科高校教师教育技术素养校本培训研究》，硕士学位论文，山东师范大学，2009 年。

鲁烨：《我国大学工科类教师专业化研究》，硕士学位论文，扬州大学，2011 年。

骆红山：《高校理工科青年教师教学素质研究》，博士学位论文，上海师范大学，2010 年。

潘海燕：《新时期高校教师培训机制初探》，硕士学位论文，南昌大学，2008 年。

史平：《中国高校英语教师发展中的学科教学知识研究》，硕士学位论文，曲阜师范大学，2007 年。

苏桂范：《新纲要指导下普通高校体育教师发展性评价指标体系的构建》，硕士学位论文，东北师范大学，2006 年。

徐兴奎：《理工科大学教师工作压力：现状、成因及干预策略研究》，硕士学位论文,山东师范大学,2008年。

杨元利:《西部高校教师培训中的问题及对策研究》,硕士学位论文,广西大学,2007年。

禹旭才:《社会性别视角下的高校女教师发展研究》,博士学位论文,湖南师范大学,2009年。

张琳:《高等理工科院校教师教育的研究》,硕士学位论文,哈尔滨理工大学,2011年。

赵敏:《高校教师培训管理系统的设计与实现》,硕士学位论文,华中科技大学,2006年。

朱青:《我国高校教师人才竞争力评价模型的构建研究——以我国211理工科高校为例》,硕士学位论文,北京交通大学,2011年。

二 外文文献

A Brief Introduction to College Lesson Study,http //www. uwlax. edu /sotl/ lsp/index2. htm,2012 - 04 - 25.

Baldwin, R. G., Blackburn, R. T. "The Academic Career as a Development Process", *Journal of Higher Education*, 1981, 52 (6).

Bergquist, W. H., Philips, S. R., "Component of an Effective Faculty Development Pro-gram", *The Journal of Higher Education*, 1975, 46 (4).

Bergquist, W. H., Phillips, S. R., "A Handbook For Faculty Development", *Faculty Development*, 1975.

Bergquist, W. H., Phillips S. R., A Handbook for Faculty Development, Volume 3. Council of Independent Colleges, 1 Dupont Circle, Suite 320, Washington, DC 20036 ($15. 00), 1981.

Boud, D., McDonald, R., "Educational Development through Consultancy", *Guildford, UK: Society for research in higher education* (SRHE), 1981, 7.

Boyce, E. G., Burkiewicz J. S., Haase M. R., et al., "ACCP Position Statement: Clinical Faculty Development", *Pharmacotherapy*, 2009, 29 (29).

Camblin, L. D., Steger, J. A., "Rethinking Faculty Development", *Higher Education*, 2000, 39 (1): 1 - 18.

Cole, K. A., Barker L. K., Williamson P., et al., "Faculty Development in Teaching Skills: an Intensive Longitudinal Model", *Academic Medicine*, 2004, 79 (79).

Donald P. Hoyt, George S. Howard, "The Evaluation of Faculty Development Programs", *Research in Higher Education*, 1978 (8).

E. Weert, M. Soo (edt.), *Research at Universities of Applied Sciences in Europe: Conditions, Achievements and Perspectives*, Twente: CHEPS, 2009.

Farmer, E. A., "Faculty Development for Problem-Based Learning", *European Journal of Dental Education*, 2004, 8 (2).

Farmer, E. A., "Faculty Development for Problem", *European Journal of Dental Education (Official Journal of the Association for Dental Education in Europe)*, 2004, 8 (2).

Firing, L. L., Instructional Development: What Works? NEA Higher Education Research Center Update, 2007 – 12 – 12.

Fraser, K., Gosling, D., Sorcinelli, M. D., "Conceptualizing Evolving Models of Education-al Development", *New Directions for Teaching and Learning*, 2010, 122 (2).

Gaff, J. G., Simpson R. D., "Faculty Development in the United States", *Innovative Higher Education*, 1994, 18 (3) 6.

Hicks, O., "Integration of Central and Departmental Development: Reflections from Australian Universities", *International Journal for Academic Development*, 1999.

Holly A. Schmies, The Impact of Lesson Study on Faculty Development in Post-Secondary Education, Minneapolis Capella University, 2011.

Irby, D. M., Models of Faculty Development for Problem-based Learning", *Advances in Health Sciences Education*, 1996, 1 (1).

Jerry G. Gaff, *Toward Faculty Renewal: Advancesin Faculty, Instructional, and Organizational Development*, SanFrancisco: Jossey – Bass, 1975.

Knight, A. M., Cole, K. A., Kern D. E., et al., "Long-Term Follow-Up of a Longitudinal Faculty Development Program in Teaching Skills", *Jgim Journal of General Internal Medicine*, 2005, 20 (8).

Land R. Agency, "Context and Change in Academic Development", *International Journal for Academic Development*, 2001, 6 (1).

Lesson Study Overview, http/www. uwlax. edu/sotl/lsp/overview. htm, 2012-04-25.

M. D. Sorcinelli, "Effective Approaches to New Faculty Development", *Journal of Counseling & Development*, 1994, 72 (5): 474-479.

Michelle, M. L., Francois, C., Wyk, J. M., "Faculty Development: Yesterday, Today and Tomorrow", *Medical Teacher*, 2008, 30 (6).

Morzinski, J. A., Simpson D. E., Bower D. J., et al., "Faculty Development through Formal Mentoring", *Academic Medicine Journal of the Association of American Medical Colleges*, 1994, 69 (4).

Raehl, C. L., "Changes in Pharmacy Practice Faculty 1995-2001: Implications for Junior Faculty Development", *Pharmacotherapy*, 2002, 22 (4).

Rosenthal, S. L., Stanberry, L. R., "A Framework for Faculty Development", *Journal of Pediatrics*, 2011, 158 (5).

Skeff, K. M., Stratus, G. A., Myrdal, W., et al., "Faculty Development", *Journal of General Internal Medicine*, 1997, 12 (Supplement s2).

Steinert, Y., Cruess, S., Cruess, R., et al., "Faculty Development for Teaching and Evaluating Professionalism: from Programme Design to Curriculum Change", *Medical Education*, 2005, 39 (2).

Steinert, Y., Mcleod, P. J., Boillat, M., et al., "Faculty development: a 'Field of Dreams'", *Medical Education*, 2009, 43 (1).

Watanabe, T., Lesson From Japanese Lesson Study, Educational Leadership 2002, 59.

Wilkerson, L., Irby, D. M., "Strategies for Improving Teaching Practices: a Comprehensive Approach to Faculty Development", *Academic Medicine Journal of the Association of American Medical Colleges*, 1998, 73 (4).

Wissenschaftsrat, *Empfehlungen zur Entwicklung der Fachhochschulen*, Berlin: Wissenschaftsrat, 2002.

Wissenschaftsrat, *Empfehlungen zur Rolle der Fachhochschulen im Hochschulsystem*, Berlin: Wissenschaftsrat, 2010.

附 录

调查问卷及量表

一 教师调查问卷

普通工科院校教师培养状况调查问卷

尊敬的老师：

您好！

为了解普通工科院校教师的培养状况，我们设计本问卷，以收集相关信息和广大教师的建议，本调查纯粹是出于研究的目的，不涉及对具体学校和个人的评价，所有问卷均采用匿名方式，问题答案均无对错之分，而且您的回答将代表众多与您一样的教师，请根据自己的实际情况填写，不要有任何顾忌。我们真诚地希望得到您的支持与配合，这对于我们的研究将是非常有帮助的，我们为此向您表示感谢。

2012 年 5 月 16 日

请根据自己的实际情况在合适的答案上面直接打钩或在空白处填写。选择题除特别说明，均为单选。

基本情况

1. 您的性别：A. 男　B. 女

2. 您的年龄：____岁

3. 您的最高学历、学位分别是（在相应位置打钩）：

本科、硕士研究生、博士研究生、研究生班/学士、硕士、博士

4. 您的专业技术职务是：

A. 教授（正高）   B. 副教授（副高）

C. 讲师（中级）   D. 助教（初级）

E. 未评职称

5. 您的从教科目是：

A. 人文社科类基础课   B. 人文社科类专业科

C. 理工科基础课   D. 理工科专业科

6. 您在高校任教的时间为：____年

7. 您的周学时数为每周____小时。（提示：直接用大节课乘 1.5 小时得出）

8. 按照大致估算，您每周在教学上（包括上课备课）一般需要投入小时的工作时间。

9. 按照大致估算，您每周在科研上一般需要投入小时的工作时间。

10. 按照大致估算，您每周在服务和管理上一般需要投入小时的工作时间。

（一）自我认知

1. 您对自己的专业理论知识水平的评价是：

A. 扎实且了解前沿研究   B. 扎实但不了解前沿

C. 一般水平   D. 水平较低

E. 亟待提高

2. 您认为《高等教育学》《教育心理学》等教育理论相关知识对工作是否有帮助？

A. 非常有帮助   B. 有一些帮助

C. 帮助不明显   D. 没有帮助

E. 不了解相关知识

3. 您是否清楚地了解自己所属专业的学科建设计划？

A. 很了解   B. 比较了解

C. 不太了解   D. 不了解

E. 很不了解

4. 在您所教课程中，是否能主动更新教学观念，积极设计和实施新

颖的教学方案？

  A. 非常主动   B. 主动

  C. 有一些   D. 很少

  E. 基本不更新

 5. 您是否能主动将学科前沿知识、最新研究成果以及个人科研发现同课堂教学相结合吗？

  A. 能密切结合   B. 尽量结合

  C. 很少结合   D. 基本没有

  E. 完全不结合

 6. 您认为自己的知识和能力能适应教学科研工作吗？

  A. 基础理论知识和实践创新能力均能很好地适应工作

  B. 基础理论知识能较好适应，实践创新能力欠佳

  C. 基础理论知识欠佳，实践创新能力很好适应工作

  D. 基础理论知识和实践创新能力基本能适应工作

  E. 基础理论知识和实践创新能力均不能很好地适应工作

 7. 您觉得目前您的工作压力：

  A. 很大   B. 较大

  C. 一般   D. 较小

  E. 没有（请跳答下一题）

 8. 您认为工作压力主要来源于（限选三项）：

  A. 教学任务较重   B. 科研压力较大

  C. 学校各类考核要求高   D. 职位晋升竞争激烈

  E. 人际关系处理   F. 家庭方面影响

  G. 个人能力水平的不足   H. 横向比较的失落感

 9. 您认为，影响自己科研水平提高的主要因素是（限选三项）：

  A. 教学负担重，没有时间和精力

  B. 科研方向不明确，难以进一步提升

  C. 缺乏前辈指导和提携

  D. 不具备客观科研条件（如物质、设备等）

  E. 管理与考核机制不合理

  F. 缺乏团队合作，难以申请课题

G. 家庭负担重，没有时间和精力

H. 没有科研兴趣（请跳答下一题）

10. 您做科研的动力主要来自（限选两项）：

A. 个人爱好　　　　　　　　B. 职称评定

C. 考核制度要求　　　　　　D. 经济驱动

E. 环境尤其是同辈群体压力

11. 您认为提升个人科研能力的最好途径是（限选两项）：

A. 参加校内学术培训交流　　B. 参加校外学术培训交流

C. 加入科研团队合作研究　　D. 自己独立钻研

E. 专家（导师）手把手指导　F. 学历进修学习

12. 您觉得您跟学生的关系是以下哪种状况：

A. 了解学生并能很好沟通　　B. 基本了解学生但不能很好沟通

C. 不了解学生但能很好沟通　D. 不了解学生能一般性沟通

E. 不了解学生也不能沟通

（二）职业认知

13. 您选择做高校教师的主要理由（限选三项）：

A. 个人兴趣　　　　　　　　B. 经济收入高、福利待遇好

C. 社会地位高、职业声誉好　D. 工作稳定、风险小

E. 自主性强、自由度高　　　F. 良好的工作环境

G. 其他（请具体说明）

14. 以下哪种说法最符合您的职业目标定位：

A. 成为社会知名的教育者　　B. 成为广受欢迎的教师

C. 培养适应社会需求的专业人才　D. 评上中高级职称，赚更多的钱

E. 能评聘上中级职称就不错了　F. 没有目标

15. 以下哪种说法最符合您对自己的职业生涯的设想？

A. 只要学校聘用，我会一直留在教学岗位

B. 我会继续留在这所学校，但希望转向或兼职行政岗位

C. 我不会改行，但考虑调动到更好或更适合我的学校

D. 我会考虑转行，教师只是我的职业跳板

E. 我从来没有想过这个问题

16. 您在日常教学工作中是否使用多媒体等现代教学方法？

A. 所有课程均使用　　　　　　B. 某些课程经常使用

C. 偶尔使用　　　　　　　　　D. 从未用过

E. 排斥使用

17. 您对自己使用计算机及多媒体教学的能力评价：

A. 很熟练　　　　　　　　　　B. 熟练

C. 一般　　　　　　　　　　　D. 不熟练

E. 很不熟练

18. 您在教学过程中双语教学的使用情况是：

A. 能熟练使用　　　　　　　　B. 不够熟练，但会经常性使用

C. 不够熟练，会偶尔使用　　　D. 从未使用

19. 除了上课，您与学生之间的联系主要是：

A. 辅导功课，答疑解惑　　　　B. 参加学生活动、群体

C. 与学生聊天谈心　　　　　　D. 没有联系

20. 您在课堂教学中"讲授部分"所占的比重大致为：

A. 接近100%　　　　　　　　　B. 80%

C. 60%左右　　　　　　　　　 D. 50%以下

21. 您认为目前影响本人发展的最大原因是（限选两项）：

A. 缺少国内外进修学习的机会

B. 学校教学和科研配套服务跟不上（如经费短缺等）

C. 缺乏成熟完善的教研合作团队

D. 不受重视，无法产生动力

E. 个人缺乏上进心

F. 缺乏前辈指导帮助

G. 家庭负担（经济、精神）过大

H. 缺乏社会资本

22. 您最期望通过培训提升的技能（限选三项）：

A. 语言交流技能　　　　　　　B. 情感体验技能

C. 科研创新技能　　　　　　　D. 信息技术运用技能

E. 教学交往技能　　　　　　　F. 实践技能

G. 课程评价技能　　　　　　　H. 指导学生研究活动技能

I. 心理教育技能　　　　　　　J. 教学管理技能

K. 学科专业技能

23. 如果有进修机会，您最想到什么地方进修？

A. 国外高校　　　　　　　B. 国内知名高校

C. 科研机构　　　　　　　D. 相关企业

E. 领导指定，个人无所谓

24. 如果学校组织以下相关教师发展项目，您最乐意参加的项目排序（前三项）是：

A. 新教师入职培训　　　　B. 学历学位进修

C. 国内访问学者　　　　　D. 国外访问学者

E. 实践能力锻炼　　　　　F. 教学技术与方法培训

G. 师德培养　　　　　　　H. 合作研究

I. 校际交流

<u>您的前三项排序为：</u>

25. 就培训内容而言，您认为教师最有必要参加的是什么（限选三项）：

A. 高层次的学术交流和研讨　B. 学科建设和专业知识的学习

C. 现代教育理论培训　　　　D. 课题和项目申请的培训

E. 信息技术和外语能力提升　F. 学历学位进修

G. 教育教学技术和方法学习　H. 师德教育和政治思想素质培训

I. 岗前培训　　　　　　　　J. 职业发展指导培训

26. 如果有相关培训的话，就您而言，您希望参加多长时间的培训：

A. 一年以上　　　　　　　B. 半年至一年

C. 一个月至半年　　　　　D. 一个月以内

E. 各类报告讲座等小培训

27. 您认为工科院校的理工类教师是否需要进行人文素养培训？

A. 很有必要　　　　　　　B. 有必要

C. 没必要　　　　　　　　D. 很没必要

E. 不知道

28. 您对自己从事教师职业的兴趣是：

A. 非常感兴趣　　　　　　B. 有一定兴趣

C. 谋生而已，谈不上兴趣　D. 没兴趣

E. 反感，想退出

29. 您认为一名合格的大学教师应具备的首要品质有（限选两项）：

A. 高尚的道德情操　　　　　B. 渊博的专业知识

C. 高超的教学艺术　　　　　D. 超前的创新意识

E. 强烈的敬业精神　　　　　D. 无私的奉献精神

30. 您是否有意识将思想政治教育或人生观价值观教育引入专业课程教学中？

A. 一直如此　　　　　　　　B. 经常如此

C. 偶尔如此　　　　　　　　D. 从未如此

（三）学校培养管理

31. 您了解学校有关教师培训与发展方面的政策吗？

A. 非常了解　　　　　　　　B. 比较了解

C. 了解一些　　　　　　　　D. 了解很少

E. 不了解

32. 您觉得学校是否重视教师的培养培训？

A. 非常重视　　　　　　　　B. 比较重视

C. 重视　　　　　　　　　　D. 不重视

E. 很不重视

33. 在您看来，学校现行教师培训体制是否完善？

A. 非常完善　　　　　　　　B. 比较完善

C. 完善　　　　　　　　　　D. 不完善

E. 很不完善

34. 您认为目前学校进行教师评价的目的是（可多选）：

A. 提高教师绩效　　　　　　B. 帮助教师改进教育教学

C. 监控教师　　　　　　　　D. 作为发放奖金的依据

E. 作为培训学习的依据　　　F. 作为晋升提拔的依据

G. 作为解聘教师的依据　　　H. 其他（请具体说明）

35. 您认为学校现行教师绩效评价制度对您工作的影响是（可多选）：

A. 有利于您改进工作　　　　B. 没有任何影响，无所谓

C. 影响您的工作情绪，对工作带来不利的影响

D. 束缚您的手脚，不利于您专业发展、形成自己的特色

E. 影响您与同事的关系

36. 您认为我校对目前教师评教成绩可信度如何?

　　A. 非常可信　　　　　　　B. 比较可信

　　C. 一般　　　　　　　　　D. 不可信

　　E. 非常不可信

37. 您认为有利于教师发展的学校氛围是（可多选）：

　　A. 学习型学校　　　　　　B. 学校人际关系和谐

　　C. 科学客观公正的教学评价机制　D. 稳定高效的运行机制

　　E. 灵活的管理体制　　　　F. 良好的竞争激励机制

38. 如果存在教师学术权利缺失的状况，您认为其最主要表现在：

　　A. 方案设计无参与权　　　B. 教学安排无选择权

　　C. 教育决策无知情权　　　D. 专业发展无自主权

　　E. 其他（请具体说明）

39. 您认为下列哪种因素对教师的激励作用最大：

　　A. 表彰奖励　　　　　　　B. 学生爱戴

　　C. 学术声誉　　　　　　　D. 成就感

　　E. 自我价值实现

40. 您对学校当前的教师培养有什么建议？

本次问卷调查到此结束，谢谢！并祝您工作顺利、生活愉快！

二　学生调查问卷

亲爱的同学：

　　你好！首先感谢你参加这次问卷调查。本问卷目的在于了解当前大学生对教师的希望和要求，为学校加强师资队伍建设，提高人才培养质量提供参考。问卷以不记名方式进行，你的选择项仅作为统计数据加以分析，请按照你的真实情况和想法如实填写问卷，谢谢！

2012 年 10 月 16 日

填写说明：请在你的选择项的序号上打"√"。题目除非特别标明，均为单项选择题。

性别：___ 年级：___ 院系（或专业）：_____

1. 你选择读大学的最主要原因是：

①符合自身兴趣，愿意继续读书学习获得更多知识　②一直对大学比较向往或憧憬　③为了将来能找个好工作　④没多想，顺势而为　⑤服从家人的安排　⑥除此没有更好的出路

2. 你希望通过读大学获得哪些方面的发展（可多选，请按重要程度排序）？

①专业知识与技能　②表达能力　③组织领导能力　④运用信息技术能力　⑤思维能力　⑥创新能力　⑦解决问题能力　⑧交流合作能力　⑨自主学习能力　⑩人生观、价值观

选择排序如下：

3. 关于你所学专业现状、发展及就业问题，入学后校方是否有所介绍？

①是　②否　③不清楚

4. 你对目前所学专业是否满意？

①非常满意　②满意　③不太满意　④不满意　⑤很不满意

5. 你的学习动力主要来自于（可多选，请按重要程度排序）：

①兴趣②谋生③考试④考研、考公务员等⑤就业⑥其他

选择排序如下：

6. 就现阶段而言，你的大学学习、生活的时间大致分配为（请在不同类别中给出相应比例）：

类别\\比例	上课	课余									合计
		自习	兼职	睡觉	上网		运动	逛街	恋爱	其他	
					学习	娱乐					
约占	%	%	%	%	%	%	%	%	%	%	100%

7. 你在大学阶段发展知识、能力、素质的主要途径是（可多选，请按重要程度排序）：

①教师课堂教学　②教师课外指导　③同学之间互相学习　④实践　⑤通过各种方式自主学习

选择排序如下：

8. 你认为什么样的大学生才算优秀的大学生（可多选，请按重要程度排序）？

①学习成绩优异　②实践能力强　③政治觉悟高　④道德品质好　⑤创新能力强　⑥有远大的理想和追求　⑦社会活动能力强　⑧心理素质好，抗压能力强　⑨有正确的世界观人生观价值观

选择排序如下：

9. 你在课堂上最喜欢听到的授课内容是哪方面的？

①精深的专业课知识　②不分学科界限的各类知识　③为人处世的道理　④社会新闻时事及点评　⑤关乎自己进修提升的信息

10. 你比较喜欢的教学方法是（可多选，请按重要程度排序）：

①教师完全讲授式　②案例教学　③交流讨论　④情景模拟　⑤教师启发下的自学　⑥专题辩论　⑦在自己动手或实践过程中学到知识　⑧学生自己讲授，老师帮助查漏补缺

选择排序如下：

11. 你最喜欢以下哪种课堂风格？

①沉稳严谨，以认真严肃的态度来上课　②自在随意，课堂纪律开放自由　③影射现实，运用案例故事来说明道理　④幽默风趣，时不时讲个小笑话

12. 你认为下列哪项因素最能影响你听课的兴趣：

①课程内容　②课堂氛围　③教学课件　④教师个人魅力　⑤个人心情

13. 你认为老师在授课过程中有没有介绍正在从事的科研工作与本课程的联系？

①经常　②有时　③偶尔　④基本没有　⑤完全没有

14. 课下你最希望和教师接触交流的内容主要集中在哪方面？

①专业知识　②业余爱好　③为人处世的技巧　④教师自身的生活经验，阅历启发等　⑤教师对自己今后发展的建议、指导等　⑥生活或感情方面的困难与困惑

15. 除了上课及公事往来，你跟辅导员、班主任或任课教师等课下的个人交流（包括 QQ、E－mail、电话等方式在内）频率约为：
①每天都有　②每星期一两次　③每月一两次　④每学期一两次　⑤从未交流

16. 如果遇到困难或困惑（可能来自学习、生活或情感等任何方面），你是否愿意求助于任课教师、辅导员或班主任？
①很愿意　②愿意　③不太愿意　④不愿意　⑤很不愿意　⑥不一定

17. 你觉得你与大部分老师的关系是以下哪种状况：
①相互了解并能很好沟通　②基本了解基本能沟通　③了解但很少沟通　④不了解能一般性沟通　⑤不了解也基本不沟通

18. 你心目中的大学教师应具备的重要品质有（可多选，请按重要程度排序）：
①高尚的道德情操　②渊博的专业知识　③高超的教学艺术
④超前的创新意识　⑤强烈的敬业精神　⑥无私的奉献精神
选择排序如下：

19. 你的老师在课堂教学中"讲授部分"所占的比重大致为：
①接近 100%　②80%　③60%左右　④50%以下

20. 你对大多数老师使用计算机及多媒体教学的能力评价：
①很熟练　②熟练　③一般　④不熟练　⑤很不熟练

21. 你对大多数老师在教学过程中双语教学的使用情况评价是：
①能熟练运用　②不够熟练，但会经常性使用　③不够熟练，会偶尔使用　④从未使用

22. 你认为大多数的老师以下哪些方面能力最需要提升？（限选三项）：
①语言交流技能　②情感体验技能　③科研创新技能　④信息技术运用技能　⑤教学交往技能　⑥实践技能　⑦课程评价技能　⑧指导学生研究活动技能　⑨心理教育技能　⑩教学管理技能　⑪学科专业技能

23. 迄今为止，你的大学老师对你最大的帮助是：
①传授专业知识和技能　②改变世界观、人生观、价值观　③开阔视野、活跃思维

④传授为人处世的道理　⑤提供直接的帮助（如经济、生活、咨询等）　⑥其他

24. 就现阶段而言，你的任课教师是否曾就学习情况（如知识掌握、学习态度、课堂纪律等）给过你反馈意见？

①大概一年一次　②大概一学期一次　③大概一个月一次　④大概一周一次　⑤从没有反馈过

25. 就你自己了解的情况看，学生对于老师的评教结果可信吗？

①可信　②不可信　③不清楚

请写明你认为评教结果不可信的具体原因：

26. 请列出校内你最喜欢的三名大学老师，并简单说明理由：

①

②

③

本次调查到此结束，再次感谢你的参与！祝你学习进步，生活愉快！

三　胜任特征模型调查量表

工科类地方本科高校教师胜任特征模型调查量表

尊敬的老师：

您好！胜任特征模型是高绩效员工的特征集合，能指导遴选优秀员工，为员工职业发展提供指导。为促进工科类地方本科高校教师发展，我们拟构建工科类地方本科高校教师胜任特征模型。现我们设计本问卷，以收集相关信息和广大教师的建议，本调查纯粹是出于研究的目的，不涉及对具体学校和个人的评价，所有问卷均采用匿名方式，问题答案均无对错之分，而且您的回答将代表众多与您一样的教师，请根据自己的实际情况填写，不要有任何顾忌。我们真诚地希望得到您的支持与配合，这对于我们的研究将是非常有帮助的，我们为此向您表示感谢。

2015 年 4 月 6 日

请根据自己的实际情况在合适的答案上面直接打勾或在空白处填写,选择题均为单选。

1. 您的性别:A. 男　　B. 女
2. 您的年龄:_____岁
3. 您的最高学历、学位分别是(在相应位置打勾):
本科、硕士研究生、博士研究生,研究生班/学士、硕士、博士
4. 您的专业技术职务是:
A. 教授(正高)B. 副教授(副高)C. 讲师(中级)D. 助教(初级)E. 未评职称
5. 您的从教时间是:_____年
6. 近三年您考核优秀次数:_____次。
7. 近三年您获得的荣誉称号:
8. 您认为您的个人绩效是否排在本院的前20%?A. 是　　B. 否

对于以下内容,请选择1—5数字表示您的认可度,并在相应的数字上画"√"。

1—表示非常不符合,2—表示不符合,3—表示不确定,4—表示符合,5—表示非常符合。

胜任特征要素	您的认可程度				
强烈的责任心	1	2	3	4	5
严谨认真	1	2	3	4	5
强烈的成就感	1	2	3	4	5
风趣幽默	1	2	3	4	5
亲和宽容	1	2	3	4	5
冷静理性	1	2	3	4	5
自尊健康	1	2	3	4	5
探索真理	1	2	3	4	5
恪守规范	1	2	3	4	5
因材施教	1	2	3	4	5
教学方式多样性	1	2	3	4	5